Quick Guide

Reihe herausgegeben von
Springer Fachmedien Wiesbaden,
Wiesbaden, Deutschland

Quick Guides liefern schnell erschließbares, kompaktes und umsetzungsorientiertes Wissen. Leser erhalten mit den Quick Guides verlässliche Fachinformationen, um mitreden, fundiert entscheiden und direkt handeln zu können.

Christoph Straube

Quick Guide Nachhaltigkeit in der Immobilienwirtschaft

Wie Sie die ESG-Kriterien in der Immobilienbranche richtig anwenden

Christoph Straube
W&L AG
Bad Soden am Taunus, Deutschland

ISSN 2662-9240 ISSN 2662-9259 (electronic)
Quick Guide
ISBN 978-3-658-44267-5 ISBN 978-3-658-44268-2 (eBook)
https://doi.org/10.1007/978-3-658-44268-2

Die Deutsche Nationalbibliothek verzeichnet diese Publikation in der Deutschen Nationalbibliografie; detaillierte bibliografische Daten sind im Internet über https://portal.dnb.de abrufbar.

© Der/die Herausgeber bzw. der/die Autor(en), exklusiv lizenziert an Springer Fachmedien Wiesbaden GmbH, ein Teil von Springer Nature 2024
Das Werk einschließlich aller seiner Teile ist urheberrechtlich geschützt. Jede Verwertung, die nicht ausdrücklich vom Urheberrechtsgesetz zugelassen ist, bedarf der vorherigen Zustimmung des Verlags. Das gilt insbesondere für Vervielfältigungen, Bearbeitungen, Übersetzungen, Mikroverfilmungen und die Einspeicherung und Verarbeitung in elektronischen Systemen.
Die Wiedergabe von allgemein beschreibenden Bezeichnungen, Marken, Unternehmensnamen etc. in diesem Werk bedeutet nicht, dass diese frei durch jedermann benutzt werden dürfen. Die Berechtigung zur Benutzung unterliegt, auch ohne gesonderten Hinweis hierzu, den Regeln des Markenrechts. Die Rechte des jeweiligen Zeicheninhabers sind zu beachten.
Der Verlag, die Autoren und die Herausgeber gehen davon aus, dass die Angaben und Informationen in diesem Werk zum Zeitpunkt der Veröffentlichung vollständig und korrekt sind. Weder der Verlag noch die Autoren oder die Herausgeber übernehmen, ausdrücklich oder implizit, Gewähr für den Inhalt des Werkes, etwaige Fehler oder Äußerungen. Der Verlag bleibt im Hinblick auf geografische Zuordnungen und Gebietsbezeichnungen in veröffentlichten Karten und Institutionsadressen neutral.

Planung/Lektorat: Maximilian David
Springer Gabler ist ein Imprint der eingetragenen Gesellschaft Springer Fachmedien Wiesbaden GmbH und ist ein Teil von Springer Nature.
Die Anschrift der Gesellschaft ist: Abraham-Lincoln-Str. 46, 65189 Wiesbaden, Germany

Das Papier dieses Produkts ist recycelbar.

Inhaltsverzeichnis

1 **Einleitung: ESG – Definition und Bedeutung** ... 1
   1.1 Environment, Social and Governance ... 2
   1.2 Ein Blick auf die Geschichte von ESG ... 2
   1.3 Gesetzliche Grundlagen und Pflichten ... 3
      1.3.1 Non-Financial Reporting Directive (NFRD) ... 4
      1.3.2 Corporate Sustainability Reporting Directive (CSRD) ... 4
      1.3.3 Die EU-Taxonomie-Verordnung ... 6
   1.4 Für welche Unternehmen in der Immobilienwirtschaft gelten ESG-Kriterien? ... 7
   Literatur ... 8

2 **Ein Überblick über die ESG-Kriterien** ... 9
   2.1 Umwelt: Die Auswirkungen eines Unternehmens auf die Umwelt ... 10
   2.2 Soziales: Die Einhaltung sozialer Standards beim unternehmerischen Wirken ... 11
   2.3 Governance: Welche Geschäftspraktiken wendet ein Unternehmen an ... 13

3 Die Bedeutung der ESG-Kriterien für die Immobilienbranche ... 15
3.1 Auf diese Akteure haben die ESG-Kriterien einen entscheidenden Einfluss ... 16
3.2 ESG in der Praxis der Immobilienwirtschaft ... 16
   3.2.1 Umwelt ... 17
   3.2.2 Soziales ... 18
   3.2.3 Governance ... 19

4 Environment: Umwelt, Klima und Nachhaltigkeit in der Immobilienwirtschaft ... 21
4.1 Auswirkungen des Klimawandels auf die Immobilienwirtschaft ... 22
   4.1.1 Generation Z im Blickpunkt zukünftiger Immobilienfragen ... 22
   4.1.2 Diese Auswirkungen entstehen durch den Klimawandel in der Immobilienwirtschaft ... 23
   4.1.3 Wertsteigerung von CO_2-neutralen Gebäuden ... 24
4.2 Energierechtliche und wirtschaftliche Besonderheiten im Rahmen von ESG ... 25
4.3 Impact Investing in der Immobilienwirtschaft ... 26
Literatur ... 27

5 Social: Soziale Aspekte bei Immobilienentscheidungen ... 29
5.1 Was ist Social Impact Investing? ... 31
   5.1.1 Die Messbarkeit einer „sozialen" Investition ... 31

6 Governance: Verantwortungsbewusste Führung in Immobilienunternehmen ... 33
6.1 Die Governance-Kriterien auf einen Blick ... 34
6.2 Wichtige Kennzahlen zur Messung einer verantwortungsbewussten Führung ... 36

7 Die Taxonomie- und Offenlegungsverordnung — 39
7.1 Die Taxonomieverordnung — 40
    7.1.1 Auswirkungen der Taxonomie-Verordnung auf die Immobilienwirtschaft — 41
    7.1.2 Die Offenlegungsverordnung — 42
    7.1.3 Auswirkungen der Offenlegungsverordnung auf die Immobilienwirtschaft — 43
Literatur — 44

8 Wie funktioniert das ESG-Scoring? — 47
8.1 Was versteht man unter ESG-Scoring? — 48
    8.1.1 Wer führt ESG-Scoringverfahren durch? — 49
    8.1.2 Es gibt noch keine einheitlichen Standards für das Scoring-Verfahren — 49
    8.1.3 Was ist der Unterschied zwischen ESG-Scoring und ESG-Reporting? — 51
8.2 So funktioniert der ESG-Ratingprozess — 52
    8.2.1 Bessere Datenqualität durch integriertes ESG-Reporting — 53
8.3 Warum ist das ESG-Scoring gerade für Asset-Manager so relevant? — 55
8.4 So beeinflusst das ESG-Scoring die Arbeit der Immobilienmakler — 55
Literatur — 56

9 Einfluss der ESG-Kriterien auf die Stakeholder der Immobilienwirtschaft — 57
9.1 So beeinflussen die ESG-Kriterien die Arbeit der Makler — 58
9.2 Einfluss der ESG-Kriterien auf Hausverwaltungen — 59
9.3 Einfluss der ESG-Kriterien auf die Investoren — 60

10 Immobilienfinanzierung   63
10.1   Wie wirken sich ESG-Kriterien auf die Immobilienfinanzierung aus?   64
     10.1.1   Einfluss von ESG auf die Kreditkonditionen   64
10.2   Was sind grüne Anleihen im Immobiliensektor?   65
     10.2.1   Die ICMA Green Bond Principles als ein Standard für die Definition grüner Anleihen   66
     10.2.2   So beeinflussen grüne Anleihen den Immobiliensektor   67
10.3   Wirken sich die Klima-Kriterien negativ auf die Vermögenswerte aus?   68
10.4   Wie lässt sich ESG in der Immobilienbranche profitabel gestalten?   69
10.5   Gibt es einen ESG-Cashflow?   70
Literatur   72

11 Softwarebasiertes ESG-Reporting zur Abwägung von Chancen und Risiken   73
11.1   Welche Funktionen hat eine ESG-Software mit?   74
     11.1.1   Diese Vorgänge unterstützt eine Nachhaltigkeitssoftware in Unternehmen   75
     11.1.2   Welche wichtigen Eigenschaften muss eine ESG-Software mitbringen?   76
11.2   So können Unternehmen von einer ESG-Plattform profitieren   77

12 Technologische Innovationen für nachhaltige Immobilien   79
12.1   Moderne Technologien für mehr Energieeffizienz in Gebäuden   80
     12.1.1   Diese Möglichkeiten gibt es für eine intelligente Gebäudeautomation   81
     12.1.2   IoT-Sensoren und ihr Beitrag zur Nachhaltigkeit   83

12.2	Nutzung erneuerbarer Energiequellen		84
	12.2.1	Nachhaltige Nutzung von Solarenergie	85
	12.2.2	Nutzung von Windenergie in Gebäuden	87
	12.2.3	Nutzung von Wasserenergie in Gebäuden	89
	12.2.4	Nutzung von Biomasse für den Gebäudebetrieb	90
12.3	Möglichkeiten der Gebäudeisolierung und der Nutzung moderner Baumaterialien		92
	12.3.1	Wärmedämmung der Gebäudehülle	92
	12.3.2	Moderne Baustoffe für mehr Energieeffizienz	95
	12.3.3	Möglichkeiten der Dachbegrünung für Neubauten und Bestandsgebäude	97
	12.3.4	Recycling von Baumaterialien	98
12.4	Innovative Wassermanagement-Technologien für ESG-Immobilien		99
	12.4.1	Grauwassernutzung	99
	12.4.2	Regenwassernutzung	100
	12.4.3	Wassersparende Armaturen und Geräte	101
	12.4.4	Intelligente Bewässerungssysteme	101
	12.4.5	Wasserlecksensoren	102
	12.4.6	Wasserfilter und Entkalkungssysteme	103
	12.4.7	Gebäude- und Landschaftsgestaltung für einen verbesserten Wasserschutz	104
12.5	Die Potenziale der Blockchain-Technologie für ESG-konforme Gebäude		105
	12.5.1	Energieeffizienz und Nachhaltigkeit	105
	12.5.2	Intelligente Verträge und Automatisierung	106
	12.5.3	Ressourcenmanagement	106
	12.5.4	Wasser- und Energieverwaltung	106
	12.5.5	Gemeinschaftsinitiativen und Governance	107

13	**Was sind die ESG-Trends der Zukunft**	109
	13.1 Das sind die ESG-Trends in der Immobilienbranche	110
	13.2 Rasant steigendes Investoreninteresse an nachhaltigen Investments	111
	Literatur	113
14	**Schluss: ESG-Faktoren in der Immobilienwirtschaft**	115

Über den Autor

Christoph Straube ist Gründer und Vorstand der W&L AG und hat das Immobiliengeschäft von der Pike auf entlang der gesamten Wertschöpfungskette gelernt. Als zukunftsweisender und nachhaltig agierender Immobilien-Projektentwickler mit Fokus auf Grundstücksentwicklung in Deutschland etablierte sich sein Unternehmen über zahlreiche erfolgreich umgesetzte Projekte.

1

Einleitung: ESG – Definition und Bedeutung

> **Was Sie aus diesem Kapitel mitnehmen**
> - Erläuterung und Bedeutung der ESG-Leitprinzipien
> - Wie sich die ESG-Kriterien entwickelt haben
> - Welche gesetzlichen Grundlagen es aktuell gibt
> - Für welche Unternehmen in der Immobilienwirtschaft die Kriterien relevant sind

ESG ist in den vergangenen Jahren zu einem Buzzword geworden, über das Vorstandsetagen in der ganzen Welt beraten. Kunden, Investoren, Geschäftspartner und nicht zuletzt auch die eigenen Mitarbeiter fordern Transparenz im Hinblick auf die Geschäftspraktiken eines Unternehmens. Zeitgleich besteht auch die Erwartung, dass proaktiv Aktionspläne erstellt werden, die ethische Standards an jeder Stelle des geschäftlichen Handelns zugrunde legen. Zunehmend werden auch Investitionsentscheidungen auf der Basis der ESG-Kriterien getroffen. Laut einer Umfrage des größten Finanzportales für Trader & Anleger „Investopedia" planten im Jahr 2021 67 % der Anleger, mehr Aktion von ESG-fokussierten Unternehmen zu kaufen (Greenberg 2021). Laut der Umfrage haben 19 % der befragten Unternehmen in diesem Zeitraum begonnen, ESG-Standards in ihre Portfolios zu integrieren. Der kompakte Blick auf die Zahlen zeigt: ESG ist ein brisantes Thema, das zahlreiche Branchen, darunter auch die Immobilienwirtschaft grundlegend prägt und verändert.

1.1 Environment, Social and Governance

ESG seht als Abkürzung für die drei zentralen Aspekte der Nachhaltigkeit in der Finanzwelt und der Unternehmensführung: Environment (Umwelt), Social (Soziales) und Governance (Unternehmensführung). Diese ESG-Kriterien dienen als Leitprinzipien für Unternehmen, Investoren und Institutionen, um Umweltauswirkungen und soziale Folgen sowie auch die Qualität der Unternehmensführung bei ihren Entscheidungen und Bewertungen zu berücksichtigen.

ESG-Kriterien werden zunehmend in den Finanzsektor integriert und von Investoren, Unternehmen und Institutionen als wichtiger Maßstab für nachhaltige und verantwortungsbewusste Entscheidungen genutzt. ESG-orientierte Investitionen sollen nicht nur eine finanzielle Rendite einbringen, sondern auch positive Auswirkungen auf die Umwelt, die Gesellschaft und das Unternehmensmanagement haben.

1.2 Ein Blick auf die Geschichte von ESG

Ein erstes Konzept zur Nachhaltigkeit ist in einem Buch über Fortwirtschaft zu finden, das von Hans Carl von Carlowitz im 17. Jahrhundert geschrieben wurde. Von da an leuchtete die Thematik sporadisch in verschiedenen geschäftlichen Bereichen auf, ohne jedoch konkret zu werden oder gar Handlungen einzufordern. Die Anfänge von ESG gehen zurück auf die 1960er-Jahre, als erste ethische Investmentfonds entstanden. Diese Fonds schlossen Unternehmen aus, die in umstrittenen Branchen tätig waren, wie z. B. Tabak, Alkohol oder Waffen. Mit dem Aufkommen der Umweltbewegung in den 1970er-Jahren gewannen Umweltkriterien zunehmend an Bedeutung. Investoren begannen, Umweltaspekte in ihre

Anlageentscheidungen einzubeziehen und Unternehmen hinsichtlich ihres Umweltverhaltens zu bewerten. 1971 wurde die erste Umweltkonferenz von den Vereinigten Staaten abgehalten und 26 Prinzipien entwickelt, die die Wechselwirkungen zwischen wirtschaftlichem Wachstum und Umweltauswirkungen international thematisierten.

In den 1980er- und 1990er-Jahren wurden soziale Kriterien wie Arbeitsbedingungen, Menschenrechte und die Einhaltung von Arbeitsstandards zunehmend in den Fokus gerückt. Investoren erkannten die Bedeutung, dass Unternehmen nicht nur ökologische, sondern auch soziale Verantwortung übernehmen sollten. Mit dem „Domini 400 Social Index" wurde 1990 der erste Aktienindex für „soziales Investieren" eingeführt, der es Anlegern ermöglichte, auf Basis nachhaltiger Aspekte zu investieren. In den späten 1990er- und 2000er-Jahren wurden Governance-Kriterien immer relevanter. Skandale wie Enron und WorldCom lenkten die Aufmerksamkeit auf die Bedeutung einer transparenten Unternehmensführung, einer unabhängigen Aufsicht und der Vermeidung von Interessenkonflikten.

Der von den Vereinten Nationen ins Leben gerufene Global Compact ist eine freiwillige Initiative für Unternehmen, die sich zu den Prinzipien der Menschenrechte, der Arbeitsnormen, des Umweltschutzes und der Korruptionsbekämpfung bekennen. Dieser Schritt markierte einen wichtigen Meilenstein in der internationalen Anerkennung von ESG-Kriterien. 2004 wurden der Begriff und ein erstes Konzept für ESG-Kriterien eingeführt, um Anlegern und Analysten Entscheidungsgrundlagen an die Hand zu geben, die auf den „Six Principles for Responsible Investment" (PRI) der Vereinten Nationen basieren.

ESG ist heute zu einem integralen Bestandteil der Unternehmensführung und von Investmentstrategien geworden und wird voraussichtlich auch in Zukunft weiter an Bedeutung gewinnen.

1.3 Gesetzliche Grundlagen und Pflichten

Während in der Vergangenheit die Einhaltung die unternehmerische Ausrichtung auf ESG-Kriterien noch eher an die unternehmerische Eigenverantwortung appellierte, entstehen zunehmend auch gesetzliche

Grundlagen. Seit dem Jahr 2017 sind alle börsennotierten Unternehmen bereits in der Pflicht, Auskunft darüber zu geben, inwiefern sie sich an die ESG-Kriterien halten.

1.3.1 Non-Financial Reporting Directive (NFRD)

Die Non-Financial Reporting Directive (NFRD) ist eine EU-Richtlinie, die Anforderungen an die nichtfinanzielle Berichterstattung von bestimmten Unternehmen festlegt. Die Richtlinie wurde erstmals im Jahr 2014 eingeführt und hat sich zum Ziel gesetzt, die Transparenz und Vergleichbarkeit von nicht finanzbasierten Informationen zu verbessern und Unternehmen dazu zu bringen, über ihre Umwelt-, Sozial- und Governance-Aspekte (ESG) zu berichten.

Die NFRD ist verpflichtend für große kapitalmarktorientierte Unternehmen mit mehr als 500 Mitarbeitern. Dazu gehören börsennotierte Unternehmen sowie Banken und Versicherungen, die in ihren Geschäftsberichten nichtfinanzielle Informationen offenlegen müssen, welche für ihr Geschäft von wesentlicher Bedeutung sind. Dabei legt die NFRD keine spezifischen Vorschriften in Bezug auf die Art der Berichterstattung fest, sondern fordert eine sogenannte „wesentliche" Berichterstattung. Es sollen nur Informationen offengelegt werden, die für das Verständnis des Unternehmensgeschäfts und seiner Auswirkungen auf die Gesellschaft von Bedeutung sind.

Die NFRD wurde im Laufe der Jahre mehrfach überarbeitet und aktualisiert. Eine bedeutende Aktualisierung erfolgte 2017 mit der EU-Richtlinie 2017/828, die unter anderem die Anforderungen an die Vergütungsberichterstattung von Unternehmen ergänzte und die Einbindung der Aktionäre in die Corporate Governance stärkte.

1.3.2 Corporate Sustainability Reporting Directive (CSRD)

Die NFRD-Richtlinie wurde schrittweise durch die CSRD-Richtlinie abgelöst. Diese EU-Richtlinie zielt darauf ab, eine Einheitlichkeit und mehr Transparenz in die nicht-finanzbasierte Berichterstattung von

Unternehmen zu bringen. Damit ist die CSRD-Richtlinie eine Weiterentwicklung der bestehenden Non-Financial Reporting Directive (NFRD). Die CSRD wurde im Juli 2021 von der Europäischen Kommission verabschiedet und muss nun von den EU-Mitgliedstaaten in nationales Recht umgesetzt werden. Das sind die Hauptmerkmale der Corporate Sustainability Reporting Directive (CSRD):

Erweiterter Anwendungsbereich Im Vergleich zur NFRD wird der Anwendungsbereich der CSRD deutlich erweitert. Die CSRD gilt für große Unternehmen, die in der EU tätig sind, unabhängig von ihrer Rechtsform.

Standardisierte Berichterstattung Die CSRD hat ein einheitliches, standardisiertes Format für die Berichterstattung eingeführt. Es werden detaillierte und präzise Informationen gefordert, um eine konsistente und vergleichbare Berichterstattung zu gewährleisten.

Pflicht zur Prüfung der Nachhaltigkeitsberichte Die CSRD sieht vor, dass die nichtfinanzielle Berichterstattung von Unternehmen von einem unabhängigen Wirtschaftsprüfer geprüft wird. Dadurch soll die Qualität und Zuverlässigkeit der Berichterstattung gestärkt werden.

Erweiterter Berichtsumfang Unternehmen müssen nun über sehr viel mehr Aspekte in ihrer Nachhaltigkeitsstrategie berichten. Dazu gehören unter anderem Umweltthemen, soziale Belange, Arbeitsbedingungen, Menschenrechte, Diversität, Anti-Korruptionsmaßnahmen, Stakeholder-Engagement und andere relevante Nachhaltigkeitsthemen.

Digitale Berichterstattung Im Rahmen der CSRD wird nun eine digitale Berichterstattung verlangt, sodass die Nachhaltigkeitsinformationen in einem maschinenlesbaren und standardisierten Format veröffentlicht werden. Auf diese Weise soll die Verarbeitung und Analyse der Daten erleichtert werden.

Mit der Einführung der CSRD wird von Unternehmen gefordert, in Zukunft noch umfassendere, genauere und vergleichbarere Nachhaltigkeitsberichte zu erstellen. Dadurch soll intern das Bewusstsein für Nachhaltigkeitsfragen gestärkt und zeitgleich Investoren und die Öffentlichkeit besser über die tatsächliche Nachhaltigkeitsleistungen informiert werden.

1.3.3 Die EU-Taxonomie-Verordnung

Die EU-Taxonomie-Verordnung ist ein wesentlicher Bestandteil des europäischen Aktionsplans (Green Deal) zur Finanzierung nachhaltigen Wachstums. Sie wurde von der Europäischen Kommission im Jahr 2020 verabschiedet und ist am 12. Juli 2020 in Kraft getreten. Die Verordnung hat das Ziel, einheitliche Kriterien für die Klassifizierung von wirtschaftlichen Aktivitäten hinsichtlich ihrer Umweltauswirkungen festzulegen und so Investoren dabei zu unterstützen, nachhaltige Investitionsentscheidungen zu treffen.

Die EU-Taxonomie-Verordnung basiert auf ESG-Kriterien, die „grüne" Wirtschaftsaktivitäten definieren und fördern, welche einen erheblichen Beitrag zur Erreichung der Umweltziele der EU leisten. Insbesondere konzentriert sich die Verordnung auf sechs umweltbezogene Ziele:

- Klimaschutz
- Anpassung an den Klimawandel
- Nachhaltige Nutzung und Schutz der Wasser- und Meeresressourcen
- Übergang zu einer Kreislaufwirtschaft
- Vermeidung und Verringerung der Umweltverschmutzung
- Schutz und Wiederherstellung der Biodiversität und der Ökosysteme

Die EU-Taxonomie-Verordnung definiert detaillierte technische Kriterien (Technical Screening Criteria/TSC), nach denen wirtschaftliche Aktivitäten als „umweltfreundlich" eingestuft werden können. Die Einstufung als „grün" ist für Unternehmen und Investoren von großer Bedeutung. Die nachhaltigen Wirtschaftsaktivitäten dürfen nicht gegen soziale Mindeststandards verstoßen.

1.4 Für welche Unternehmen in der Immobilienwirtschaft gelten ESG-Kriterien?

Die ESG-Kriterien gelten in vielen Bereichen auch für Unternehmen in der Immobilienwirtschaft. Dazu gehören Immobilienentwickler, also Unternehmen, die für die Planung, den Bau und die Entwicklung neuer Immobilienprojekte verantwortlich sind. Sie müssen ESG-Kriterien in ihre Projektgestaltung und den gesamten Entwicklungsprozess integrieren.

Immobilieninvestoren, die in Immobilienprojekte oder Immobilienportfolios investieren, müssen ESG-Kriterien bei ihren Investmententscheidungen berücksichtigen. Dies hilft ihnen dabei, langfristige Risiken zu bewerten, die Rentabilität von Investitionen zu steigern und die ESG-Performance der Immobilien zu verbessern. Immobilienverwalter müssen nachhaltige Kriterien beim Gebäudebetrieb und in das Management integrieren und konkrete Maßnahmen zur Energieeffizienz, zum Abfallmanagement, zur Instandhaltung und zur Einhaltung sozialer Aspekte im Umgang mit Mietern und Bewohnern berücksichtigen.

Unternehmen, die Fonds oder Investmentvehikel für Immobilieninvestitionen verwalten, müssen zunehmend ESG-Kriterien in ihre Anlagestrategien und Portfolios einbeziehen. Dies ist sowohl aufgrund von Anlegerinteressen als auch in Bezug auf die regulatorischen Anforderungen wichtig. Immobiliengesellschaften und Akteure, die Immobilien entwickeln, vermieten oder verkaufen, müssen ESG-Kriterien in ihre Geschäftspraktiken und -entscheidungen integrieren. Dabei geht es nicht nur um Aspekte des Gebäudebetriebs, sondern auch um die soziale Verantwortung gegenüber den Gemeinschaften, in denen sie tätig sind. ESG betrifft auch Immobilienmakler und Immobilienberater. Sie sollen die Nachhaltigkeitskriterien in ihre Empfehlungen und Beratungen einbeziehen.

Diese kurze Übersicht zeigt, dass ESG-Kriterien in der Immobilienwirtschaft für Unternehmen aller Größen und Rechtsformen relevant sind. Große, börsennotierte Unternehmen haben dabei umfangreichere Berichtspflichten und nehmen eine führende Rolle bei der Umsetzung nachhaltiger Praktiken ein. Aber auch kleinere Unternehmen in der Immobilienbranche können von der Integration von ESG-Kriterien profitieren – insbesondere in Bezug auf eine verbesserte Reputation und eine gesteigerten Attraktivität der Objekte für Investoren und Mieter.

> **Ihr Transfer in die Praxis**
> - ESG steht für Umwelt, Soziales und Unternehmensführung
> - Diese Themen werden bei Stakeholdern der Immobilienwirtschaft immer relevanter
> - Betroffen sind nicht nur Bauherren, sondern auch Immobilienentwickler und Investoren
> - Bei der Umsetzung profitieren Immobilienunternehmen von einer besseren Reputation

Literatur

Greenberg K (2021) Demand for ESG Investments Soars Emerging From COVID-19 Pandemic (21. Juli 2021) Investopedia. https://www.investopedia.com/demand-for-esg-investments-soars-emerging-from-covid-19-pandemic-5193532. Zugriff: 29. Juli 2023

2
Ein Überblick über die ESG-Kriterien

> **Was Sie aus diesem Kapitel mitnehmen**
> - Welche Stakeholder von ESG betroffen sind
> - Welche Auswirkungen ESG auf den Umweltaspekt hat
> - Welche sozialen Standards Immobilienunternehmen einhalten müssen
> - Was ESG in Bezug auf die Geschäftspraktiken vorgibt

Schon seit vielen Jahren beschäftigen sich Unternehmen mit dem Thema Nachhaltigkeit und der Frage, wie sie selbst ihrer Verantwortung in Bezug auf das Wohlergehen der Mitarbeiter und die Umweltauswirkungen ihres unternehmerischen Handelns gerecht werden können. Mit den ESG-Kriterien ist eine messbare Größe entstanden, durch die sich die verschiedenen Stakeholder einen Überblick über die Nachhaltigkeitsbemühungen eines Unternehmens verschaffen können.

2.1 Umwelt: Die Auswirkungen eines Unternehmens auf die Umwelt

Das „E" steht für den ökologischen Aspekt aller Entscheidungen, die in der Unternehmensführung und auch im Hinblick auf Investitions- und Finanzierungsfragen getroffen werden. Der Umweltfaktor betrachtet vor allem die Maßnahmen, die ein Unternehmen trifft, um die negativen Umweltauswirkungen möglichst zu reduzieren. Im Folgenden finden Sie eine Auswahl verschiedener Maßnahmen, die Unternehmen in diesem Bereich treffen können.

Entwicklung einer Klimastrategie Die Entwicklung einer Klimastrategie ist beispielsweise ein wichtiger Schritt für Unternehmen, um ihren Beitrag zur Bekämpfung des Klimawandels zu leisten oder um Treibhausgasemissionen zu reduzieren. Darunter können zahlreiche Maßnahmen fallen wie die Messung der verursachten Treibhausgasemissionen, Maßnahmen zur Verbesserung der Energieeffizienz, Nutzung Erneuerbarer Energien, die Umstellung auf klimafreundlichere Technologien oder die Teilnahme an Klimaschutzinitiativen. Um die Erfolge in der Umsetzung der Klimastrategie messbar zu machen, sollten von vornherein Kennzahlen feststehen und ein Monitoring-System eingerichtet werden.

Umweltmanagement Eine Mülltrennung in Papier und Plastik reicht heute für ein gutes Gewissen in Bezug auf die eigenen Bemühungen nicht mehr aus, die die Umweltauswirkungen eines Unternehmens zu minimieren. Im Rahmen eines guten Umweltmanagements werden Prozesse, Systeme und Verantwortlichkeiten festgelegt, um die Umweltbelange in den Geschäftsbetrieb zu integrieren. Das Umweltmanagement ist oft Teil eines größeren Nachhaltigkeitskonzepts und kann auf internationalen Standards wie der ISO 14001 als Zertifizierungsnorm für Umweltmanagementsysteme basieren.

Öko-Effizienz Die Öko-Effizienz fokussiert sich auf die effiziente Nutzung von Ressourcen innerhalb des Unternehmens. Um diese Effizienz zu verbessern, setzt sich das Unternehmen Ziele zur Reduzierung des CO_2-Ausstoßes, des Wasserverbrauchs, der Abfallmenge und des Energieverbrauchs. Als messbare Größe gilt dabei zum Beispiel jede produzierte Einheit oder jede erbrachte Dienstleistung.

Energiemanagement Schon aus eigenem Interesse heraus haben viele Unternehmen heute ein Energiemanagement, das integraler Bestandteil des Umweltmanagements ist. Es wird dadurch möglich, den Energieverbrauch zu analysieren, Schwächen und Potenziale zu erkennen. Teil des Energiemanagements kann der Einsatz erneuerbarer Energien, die Verbesserung der Energieeffizienz von Produktionsprozessen und die Implementierung von Technologien zur Energieeinsparung sein.

Lieferkettenmanagement Der Umweltschutz hört nicht an der Pforte des Unternehmens auf. Wer den Umweltschutz wirklich ernst nimmt, muss die Umweltauswirkungen über die gesamte Liefer- und Wertschöpfungskette hinaus betrachten. Beim Lieferkettenmanagement geht es um die Evaluierung und die Auswahl von Lieferanten hinsichtlich ihrer Umweltleistung, der Förderung nachhaltiger Beschaffung und der Vermeidung von Umweltverschmutzung.

Diese Maßnahmen sind nur beispielhaft zu verstehen. Es gibt in jedem Unternehmen abhängig von der Geschäftstätigkeit Möglichkeiten, einen wertvollen Beitrag zum Umweltschutz zu leisten.

2.2 Soziales: Die Einhaltung sozialer Standards beim unternehmerischen Wirken

Das ESG-Kriterium „Sozial" betrachtet die sozialen Grundlagen der Geschäftstätigkeit eines Unternehmens. Ein zentraler Faktor ist dabei die Frage, wie das Unternehmen mit seinen Mitarbeitern, den Kunden, Lieferanten und der Gesellschaft insgesamt umgeht.

Arbeitsbedingungen und Menschenrechte Unternehmen, die das soziale Kriterium ernst nehmen, setzen sich für angemessene Arbeitsbedingungen innerhalb der eigenen Organisation, aber auch entlang der gesamten Wertschöpfungskette ein. Dazu gehört auch die Achtung der Menschenrechte und die Vermeidung von Diskriminierung und Ausbeutung am Arbeitsplatz.

Chancengleichheit und Vielfalt Unternehmen, die Chancengleichheit und Vielfalt fördern, schaffen ein integratives Arbeitsumfeld, in dem die Mitarbeiter unabhängig von Geschlecht, Rasse, Religion oder Herkunft gleichbehandelt werden.

Gesundheits- und Sozialleistungen für Mitarbeiter Wenn sich Organisationen um das soziale Wohlbefinden ihrer Mitarbeiter kümmern, dann bieten sie angemessene Gesundheits- und Sozialleistungen, wie z. B. zusätzliche Versicherungsleistungen, eine betriebliche Altersvorsorge oder flexible Arbeitszeitregelungen.

Kundenbeziehungen und Verbraucherschutz Soziale Unternehmen achten auf faire und ethische Kundenbeziehungen und verpflichten sich zum Verbraucherschutz. Sie setzen auf eine transparente Information, behandeln Kundenanliegen schnell, zuverlässig und respektvoll und halten die Produktversprechen ein.

Gemeinwohl und soziales Engagement Soziales Engagement bedeutet, aktiv zur Gemeinschaft beizutragen. Unternehmen, die Verantwortung für das Gemeinwohl tragen, unterstützen soziale Projekte, Bildungsinitiativen, den Umweltschutz und andere wohltätige Aktivitäten.

Im Kern geht es beim sozialen ESG-Kriterium darum, Arbeitsbedingungen, Menschenrechte, Diversität und Inklusion, Gesundheit und Sicherheit am Arbeitsplatz zu fördern und soziale Verantwortung zu übernehmen.

2.3 Governance: Welche Geschäftspraktiken wendet ein Unternehmen an

Der Governance-Faktor beschäftigt sich mit der Qualität der Unternehmensführung. Wie transparent sind die Geschäftspraktiken des Unternehmens, wie steht es um die Unabhängigkeit des Aufsichtsrates und die Effizienz der internen Kontrollen und was tut ein Unternehmen zur Bekämpfung bzw. Vermeidung von Korruption und Interessenkonflikten?

Unabhängige Aufsichtsorgane Unternehmen mit guter Governance haben unabhängige und kompetente Aufsichtsorgane, wie einen unabhängigen Aufsichtsrat oder Beirat. Diese Gremien überwachen die Unternehmensführung und stellen sicher, dass sie im besten Interesse des Unternehmens und seiner Stakeholder agiert.

Transparenz und Offenlegung Eine nachhaltige Governance bedeutet, dass ein Unternehmen besonderen Wert auf Transparenz und die Offenlegung von Informationen legt. Sie kommunizieren offen und ehrlich über die eigenen Geschäftspraktiken, die Finanzergebnisse, die Umweltauswirkungen ihres geschäftlichen Tuns und über ihre sozialen Leistungen. Dadurch stärken sie das Vertrauen der Stakeholder.

Ethik und Integrität Unternehmen mit guter Governance agieren ethisch und integer. Sie halten sich an ethische Grundsätze, Gesetze und Regulierungen und vermeiden Interessenkonflikte.

Vergütungspolitik und Anreize Eine angemessene und nachhaltige Vergütungspolitik ist Teil der Governance. Unternehmen sollten Anreize setzen, die die langfristige Leistung und das langfristige Wachstum des Unternehmens fördern, anstatt kurzfristige Gewinnmaximierung zu priorisieren.

Aktionärsrechte Gute Governance schützt die Rechte der Aktionäre und gewährleistet eine faire Behandlung aller Anteilseigner. Dies kann beispielsweise durch klare Regeln für Stimmrechte und den Schutz von Minderheitsaktionären erfolgen.

Compliance und Legalität Ein wichtiger Aspekt der Governance ist die Einhaltung gesetzlicher Vorschriften und Bestimmungen. Unternehmen sollten sich kompromisslos an alle relevanten Gesetze und Regulierungen halten.

Stakeholder-Engagement Eine gute Governance beinhaltet auch das Engagement mit verschiedenen Stakeholdern, wie Mitarbeitern, Kunden, Lieferanten und der Gesellschaft insgesamt. Die Berücksichtigung ihrer Interessen trägt zur langfristigen Unternehmensleistung bei.

Ihr Transfer in die Praxis

- Die Entwicklung einer Umweltstrategie ist für Immobilien unverzichtbar
- Unternehmen müssen entlang der gesamten Wertschöpfungskette auf die Einhaltung ethischer und sozialer Standards achten
- Jedes Immobilienvorhaben sollte verantwortungsbewusst umgesetzt werden
- Die Qualität der Unternehmensführung ist heute oft ausschlaggebend für die Zusammenarbeit mit Investoren oder Aktionären

3

Die Bedeutung der ESG-Kriterien für die Immobilienbranche

> **Was Sie aus diesem Kapitel mitnehmen**
> - Auf welche Akteure in der Immobilienwirtschaft ESG Einfluss hat
> - Welche Faktoren bei der Planung und Bewirtschaftung von Immobilien eine Rolle spielen
> - Welche Umweltaspekte berücksichtigt werden müssen
> - Warum Immobilienunternehmen auch soziale Verantwortung tragen
> - Welche zentrale Rolle die Unternehmensführung einnimmt

Die Einführung der ESG-Kriterien nimmt Einfluss auf zahlreiche Stakeholder in der Immobilienbranche. Sie betreffen neben Investoren auch Fondsanbieter, Asset-Manager und ebenso auch Bestandshalter und Projektentwickler. Über alle Assetklassen hinweg nehmen die ESG-Kriterien eine zentrale Rolle ein.

3.1 Auf diese Akteure haben die ESG-Kriterien einen entscheidenden Einfluss

In der Immobilienbranche sind eine Vielzahl von Akteuren von den ESG-Kriterien betroffen, und zwar entlang der gesamten Wertschöpfungskette der Immobilienwirtschaft. **Immobilienentwickler und -investoren** übernehmen Verantwortung für die Gestaltung und Umsetzung nachhaltiger Bauprojekte und Investitionen. Sie müssen sicherstellen, dass ihre Projekte umweltfreundlich angelegt sind, soziale Anliegen berücksichtigen und eine gute Unternehmensführung praktizieren.

Immobilienverwalter und Immobilienbetreiber verantworten dagegen den täglichen Betrieb und die Pflege von Immobilien. Sie tragen dafür Sorge, dass Gebäude energieeffizient betrieben und bewirtschaftet werden, die Umweltrichtlinien einhalten und am Ende auch den sozialen Bedürfnissen der Mieter gerecht werden. Dabei müssen vor allem Aufgaben rund um die Wartung eingehalten als auch Fragen der Nutzung von nachhaltigen Ressourcen berücksichtigt werden. Auch die Förderung der Gemeinschaft innerhalb eines Mietobjektes wie beispielsweise die Veranstaltung regelmäßiger Feste kann zu den ESG-Kriterien gerechnet werden.

Investmentfonds und andere Finanzinstitutionen, die Immobilienfinanzierungen bereitstellen oder in Immobilien investieren, sind in gleichem Maße von den ESG-Kriterien betroffen, da sie bei der Kreditvergabe oder Investitionsentscheidungen diese Kriterien berücksichtigen müssen. Dies kann sich schlussendlich auf die Kreditvergabebedingungen und die Rentabilität von Immobilieninvestitionen auswirken.

3.2 ESG in der Praxis der Immobilienwirtschaft

In der Theorie stehen hinter den drei Buchstaben ESG drei zentrale Werte, die bei sämtlichen Immobilienanliegen berücksichtigt werden müssen. Doch welche Bereiche werden konkret von Umweltfaktoren, sozialen An-

3 Die Bedeutung der ESG-Kriterien für die Immobilienbranche

liegen und der Unternehmensführung beeinflusst? Die nachfolgenden Aufzählungen haben keinen Anspruch auf Vollständigkeit, sondern geben einen groben Überblick, welche Faktoren bei der Planung und Bewirtschaftung von Immobilien unter diesem ESG-Aspekt eine Rolle spielen.

3.2.1 Umwelt

Im Kontext der Immobilienwirtschaft bezieht sich dieser ESG-Aspekt auf die Umweltkriterien, die bei der Planung, dem Bau und dem Betrieb von Gebäuden berücksichtigt werden müssen.

Energieeffizienz Eines der Hauptziele der ESG-Umweltkriterien ist die Reduzierung des Energieverbrauchs von Gebäuden. Immobilienunternehmen sind bestrebt, energieeffiziente Technologien und Bauweisen zu nutzen, um den Energieverbrauch zu minimieren und die Betriebskosten auf lange Sicht zu senken.

Nachhaltige Bauweise Es wird bereits in der Planungsphase von Immobilien verstärkt auf die Verwendung von nachhaltigen Baumaterialien geachtet, um die Umweltauswirkungen eines Bauprojektes so gering wie möglich zu halten. Perspektivisch greifen die Planer zu recycelbaren Materialien und integrieren erneuerbaren Energien in in ihre Bauvorhaben. Die Nutzung von Wärmepumpen und Solarkollektoren auf dem Dach gehört heute schon fast zum Standard

Klimaresilienz Immobilienunternehmen müssen sich in Zukunft verstärkt auf die Auswirkungen des Klimawandels vorbereiten. Konkret bedeutet das, überflutungsgefährdete Standorte zu vermeiden und Gebäude zu errichten oder zu kaufen, die widerstandsfähig auch gegen extreme Wetterbedingungen sind.

Abfallmanagement und Recycling Gebäude müssen heute immer mit Blick auf den Abfall geplant werden, der sowohl in der Bauphase entsteht als auch während des Gebäudebetriebes. Das Thema des Recyclings spielt bei der Vermeidung von Abfall eine wichtige Rolle.

Biodiversität Der Schutz der Biodiversität in und um Immobilienstandorte ist ein wichtiger Umweltaspekt. Er betrifft unter anderem die Erhaltung von Grünflächen und auch den Blick auf den Lebensraum der Tiere, der unter Umständen durch ein Immobilienprojekt eingeschränkt wird.

Zertifizierungen Um einen Nachweis zu erbringen, dass die ESG-Kriterien eingehalten werden, steigt das Bestreiben nach Zertifizierungen wie LEED (Leadership in Energy and Environmental Design) oder BREEAM (Building Research Establishment Environmental Assessment Method) für nachhaltige Gebäude.

3.2.2 Soziales

Immobilienprojekte tragen immer auch eine soziale Verantwortung beispielsweise in Bezug auf das Wohlbefinden der Bewohner eines Hauses. Daher steht der soziale Aspekt in der Immobilienwirtschaft oft gleichwertig neben den beiden anderen Faktoren der ESG-Kriterien.

Gemeinwohl Die Akteure in der Immobilienwirtschaft wie Vermieter und Eigentümer sind in der Verantwortung, einen sozial verträglichen Wohnraum zu schaffen. Nutzer einer Immobilie sollten ein gesundes und sicheres Umfeld vorfinden.

Soziale Integration Verantwortliche sollten eine soziale Integration und Gemeinschaftsbildung innerhalb von Wohn- und Gewerbeimmobilien fördern.

Erschwinglicher Wohnraum Die Bereitstellung von bezahlbarem Wohnraum ist ein entscheidender sozialer Aspekt. Auch Menschen mit niedrigem Einkommen sollten Zugang zu angemessenem Wohnraum haben.

Barrierefreier Zugang Nur barrierefrei gestaltete Immobilien ermöglichen Menschen mit Behinderungen den Zugang und die Nutzung. Breite Gehwege, Rampen, Aufzüge und andere Einrichtungen sind feste Bestandteile einer barrierefreien Planung.

Arbeitsbedingungen Immobilienunternehmen mit Angestellten sollten für ihre Mitarbeiter eine faire, sichere und wertschätzende Arbeitsumgebung schaffen.

Gesundheit und Wohlbefinden Immobilien sollten so gestaltet sein, dass sie die physische und psychische Gesundheit der Bewohner fördern. Konkret umsetzen lässt sich dies mit der Schaffung von Grünflächen oder Kinderspielplätzen.

Mieterrechte Mieter sollten faire und transparente Mietverträge haben, die ihre Rechte und Pflichten klar definieren.

3.2.3 Governance

Der Governance-Aspekt in der Immobilienwirtschaft bezieht sich auf eine verantwortungsvolle und transparente Unternehmensführung. Durch die Umsetzung von verantwortungsbewussten Geschäftspraktiken wird das Vertrauen von Investoren und Stakeholdern gestärkt. Zudem sind verantwortungsvoll geführte Unternehmen oft langfristig stabiler und besser in der Lage, Risiken zu managen.

Ethik und Integrität Die Einhaltung ethischer Standards und der Integrität in der Geschäftsführung leistet einen entscheidenden Beitrag zur Vermeidung von Korruption, Bestechung und Interessenkonflikten.

Verwaltungsrat und Führung Die Zusammensetzung des Verwaltungsrats und des Führungsteams sollten so gewählt werden, dass sie den Anspruch an Diversität erfüllen und die ESG-Ziele des Unternehmens unterstützen.

Risikomanagement Immobilienunternehmen sollten effektive Risikomanagementpraktiken implementieren, um Umwelt- und soziale Risiken zu identifizieren und zu minimieren. Dies schützt nicht nur Investoren, sondern auch den langfristigen Erfolg des Unternehmens.

Compliance und Rechtskonformität Immobilienunternehmen müssen alle geltenden Gesetze und Vorschriften einhalten. Das betrifft sowohl die Umwelt- und Sozialstandards als auch die Steuer- und Finanzvorschriften.

Investorenbeteiligung Die Einbeziehung von Investoren in Entscheidungsprozesse und die Kommunikation mit ihnen über ESG-Themen sind wichtig, um das Vertrauen der Investoren zu gewinnen und ihre Unterstützung für nachhaltige Geschäftspraktiken zu generieren.

Interne Kontrollen Es lohnt sich für Immobilienunternehmen, interne Kontrollen und Überwachungsmechanismen zu implementieren. Dadurch bleibt die Erfüllung der ESG-Richtlinien immer im Blick.

Rechenschaftspflicht Unternehmen sollten gegenüber ihren Stakeholdern, einschließlich der Gemeinschaften, in denen sie tätig sind, rechenschaftspflichtig sein. Außerdem können sie unter dem Governance-Aspekt Mechanismen zur Beantwortung von Beschwerden und zur Beilegung von Konflikten einrichten.

Risikomanagement Auch ein verantwortungsbewusstes Management von ESG-bezogenen Risiken wie Umweltauswirkungen oder der sozialen Herausforderungen gehört in den Bereich der Governance.

> **Ihr Transfer in die Praxis**
> - ESG betrifft gleichermaßen Immobilienentwickler und Investoren wie auch Immobilienverwalter und Immobilienbetreiber
> - Energieeffizienz und nachhaltige Bauweise werden immer wichtiger
> - Akteure in der Immobilienwirtschaft tragen Verantwortung für das Gemeinwohl
> - Immobilienunternehmen sollten auf eine transparente und verantwortungsvolle Unternehmensführung setzen

4

Environment: Umwelt, Klima und Nachhaltigkeit in der Immobilienwirtschaft

> **Was Sie aus diesem Kapitel mitnehmen**
> - Welchen Einfluss Immobilienunternehmen auf das Klima haben
> - Die Auswirkungen des Klimawandels auf die gesamte Immobilienwirtschaft
> - Welche energierechtlichen und wirtschaftlichen Besonderheiten mit ESG verbunden sind
> - Was Impact Investing in der Praxis bedeutet

Immobilien haben über ihren gesamten Lebenszyklus hinweg einen großen Einfluss auf unser Klima. Daher haben Themen wie das Klima, die Umwelt und die Nachhaltigkeit in den letzten Jahren die Immobilienwirtschaft weltweit stark beeinflusst. Dieser Einfluss erstreckt sich über verschiedene Bereiche und betrifft sowohl die Entwicklung als auch den Betrieb von Immobilien. Nicht zuletzt aufgrund des öffentlichen und politischen Drucks auf die Geschäftsmodelle von Immobilienunternehmen liegen nachhaltige Lösungen derzeit stark im Trend. So groß die Vorteile einer nachhaltigen Immobilienwirtschaft für die Umwelt sind, so groß sind auch die Herausforderungen, die damit einhergehen.

Im Blickpunkt steht die aktive Steuerung der Energiewende – also weg von der Nutzung fossiler Energieträger hin zu erneuerbaren Energien, die beispielsweise in Form von Wärmepumpen oder Solaranlagen auf dem Dach nutzbar gemacht werden können. Bauunternehmen müssen perspektivisch auf Baustoffe setzen, die weniger energieintensiv sind als Beton oder Stahl. Stattdessen besteht das Ziel darin, recycelbare Baustoffe zu nutzen und damit einen großen Schritt in Richtung der Kreislaufwirtschaft zu machen.

4.1 Auswirkungen des Klimawandels auf die Immobilienwirtschaft

Laut einem Uno-Bericht aus dem Jahr 2020[1] liegt der Treibhausgasausstoß der Bau- und Gebäudewirtschaft auf einem Rekordniveau. Durch den Klimawandel erhöht sich das Risiko für Klimakatastrophen weltweit. Damit sie überhaupt errichtet werden können, müssen Wälder abgeholzt und Grünflächen geebnet werden. Zudem brauchen sie für ihren Betrieb Energie in Form von Wärme oder Kälte durch Klimaanlagen, die Licht und Warmwasser. Auf dem Weg zur angestrebten Klimaneutralität stehen Immobilien daher stark im Fokus.

4.1.1 Generation Z im Blickpunkt zukünftiger Immobilienfragen

Die Generation Z, also die jungen Menschen, die zwischen 1995 und 2010 geboren wurden, sind diejenigen, die zukünftig nach Immobilien suchen. Damit hat sie einen erheblichen Anteil an der Bevölkerung, die zukünftig nach Immobilien sucht. Zudem ist die Generation Z in einer digitalen Welt aufgewachsen und damit hochgradig technisch versiert. Dadurch verändert sich mit ihr auch die Art und Weise, wie Immobilien gesucht, gekauft und verwaltet werden. Technologien wie virtuelle

---

[1] 2020 Global Status Report for Buildings and Construction.

Besichtigungen, Online-Transaktionen und Smart-Home-Lösungen werden in der Zukunft ein fester Bestandteil des Immobilienmarkts sein.

Die jungen Menschen dieser Generation sind sehr umweltbewusst, setzen sich häufig aktiv für den Umweltschutz ein und legen sehr großen Wert auf Nachhaltigkeit. Dadurch wird in der Zukunft die Nachfrage nach grünen, energieeffizienten Immobilien und die Anforderungen an nachhaltige Baumaßnahmen entsprechend steigen.

Darüber hinaus zeigt die Generation Z ein Interesse an der Sharing Economy und gemeinschaftlichen Lebensräumen. Das beeinflusst auch die Nachfrage nach Co-Living- und Co-Working-Räumen sowie multifunktionalen Gemeinschaftsbereichen in Wohnanlagen.

Die nachwachsende Generation erwartet perspektivisch sehr viel mehr von einer Immobilie als nur eine hohe Rendite. Der Blick richtet sich immer mehr in die Richtung der Qualität und der Nachhaltigkeit, mit der Immobilien gebaut und langfristig bewirtschaftet werden können.

4.1.2 Diese Auswirkungen entstehen durch den Klimawandel in der Immobilienwirtschaft

Der Klimawandel hat nicht nur implizite, sondern auch ganz konkrete Auswirkungen auf die Immobilienwirtschaft (vgl. United Nations Environment Programme 2020).

Steigender Meeresspiegel Durch den Anstieg des Meeresspiegels erhöht sich das Risiko von Überflutungen und Sturmfluten in Küstengebieten. Dies hat nicht nur Einfluss auf die Höhe der Versicherungskosten, sondern auch auf die Attraktivität von Küstenimmobilien. In stark überflutungsgefährdeten Küstengebieten kann die Nachfrage und damit auch der Wert der Immobilien sinken. Während noch vor einigen Jahren Gebäude in Küstennähe stark gefragt sind, könnte sich genau diese Nachfrage durch den Klimawandel ins Gegenteil verkehren.

Häufigere und intensivere Naturkatastrophen Der Klimawandel begünstigt Naturkatastrophen wie Hurrikane, Tornados, Waldbrände und Überschwemmungen. Diese Ereignisse verursachen erhebliche Schäden an Immobilien und entsprechende Kosten für den Wiederaufbau.

Hohe Versicherungsprämien Aufgrund der gestiegenen Risiken durch den Klimawandel erhöhen sich die Versicherungsprämien für Immobilien, insbesondere in den gefährdeten Gebieten. Das wiederum beeinflusst auch die wirtschaftlichen Entscheidungen, die entlang der gesamten Wertschöpfungskette getroffen werden können.

Bauvorschriften und Baustandards Die heute oft verschärften Bauvorschriften sind eine Reaktion auf den Klimawandel. Immobilienentwickler müssen jetzt teurere Baumaßnahmen ergreifen, damit die Gebäude widerstandsfähiger gegen extreme Wetterereignisse werden.

Wertminderung von Immobilien Immobilien, die wiederholt Opfer von Naturkatastrophen geworden sind, verlieren häufig an Wert. Käufer und Investoren berücksichtigen daher zunehmend das Risiko von Klimaauswirkungen bei ihren Entscheidungen.

Betriebskosten Höhere Temperaturen führen zu einem Anstieg der Betriebskosten für Immobilien. Es muss die Energie für die Kühlung und die Klimatisierung aufgebracht werden. Dies betrifft sowohl Wohn- als auch Gewerbeimmobilien.

Schwindende Wasserressourcen Durch den Klimawandel können perspektivisch die Wasserressourcen schwinden. Das beeinflusst sowohl den Bau als auch den Betrieb von Immobilien.

Anpassungsmaßnahmen Immobilienunternehmen müssen verstärkt in Anpassungsmaßnahmen investieren, um ihre Gebäude und Einrichtungen widerstandsfähiger gegen die Auswirkungen des Klimawandels zu machen.

4.1.3 Wertsteigerung von CO_2-neutralen Gebäuden

CO_2-neutrale Immobilien haben heute mehr denn je das Potenzial für erhebliche Wertsteigerungen. Durch die hohe Energieeffizienz und die Nutzung erneuerbarer Energiequellen wie Solar- oder Windenergie können die grünen Immobilien wirtschaftlich betrieben werden. Durch die niedrigen Betriebskosten steigt der Wert dieser Immobilien. Die niedrigeren Energiekosten sind nicht nur für Eigentümer attraktiv, sondern auch für Mieter, die in den Gebäuden niedrigere Nebenkosten haben. Die Vermietungsrate steigt, die Mieterbindung wird erhöht und langfristig können die Mieteinnahmen gesichert werden.

Wer heute CO_2-neutral baut, kann finanzielle Anreize, Steuervergünstigungen oder Fördermittel für die Entwicklung oder den Kauf von CO_2-neutralen Immobilien in Anspruch nehmen. Dadurch werden CO_2-neutrale Immobilien attraktiver für Bauherren und Investoren. Das Risiko ist bei diesen Gebäuden außerdem geringer, dass durch die steigenden Energiekosten die Rendite sinkt.

CO_2-neutrale Immobilien können von einem langfristigen Werterhalt profitieren. Sie sind besser für die Zukunft gerüstet und Investoren gehen kein Hohes Risiko ein, dass in Kürze teure Investitionen wie die Umstellung des Heizungssystems anstehen.

4.2 Energierechtliche und wirtschaftliche Besonderheiten im Rahmen von ESG

Nachhaltigkeit und Umweltbewusstsein nehmen bei Immobilienentscheidungen eine immer stärkere Rolle ein. Dies betrifft in erster Linie die Energieeffizienzstandards, die immer strengeren Richtlinien folgen. Um beim Bau eines Hauses diese Standards zu erfüllen, müssen moderne Technologien und Baustoffe zum Einsatz kommen. Weitere Besonderheiten in Bezug auf rechtliche und wirtschaftliche Themen:

Einsatz erneuerbarer Energien Unternehmen in der Immobilienbranche erkennen zunehmend den Wert einer Investition in Solaranlagen oder Wärmepumpen, um Immobilien von der öffentlichen Versorgung unabhängiger zu machen. Aus der Einspeisung von Sonnenenergie ins Stromnetz können zusätzliche Einnahmen generiert werden.

Energiemanagement ESG-orientierte Immobilienprojekte implementieren oft fortschrittliche Energiemanagementsysteme, um den Energieverbrauch zu optimieren und Emissionen zu reduzieren.

Dezentralisierung der Energieversorgung Immobilienentwickler und -eigentümer können dezentrale Energieversorgungssysteme wie Mikrogrids einsetzen, um ihre Abhängigkeit von zentralen Energieversorgern zu verringern. Außerdem können sie dadurch auch ihre Energieversorgung bei Störungen aufrechterhalten.

Energieeffizienz und Zertifizierungen Immobilien, die Nachhaltigkeitszertifikate wie LEED oder BREEAM erhalten, sind auf dem Markt oft wettbewerbsfähiger und können höhere Miet- und Verkaufspreise erzielen.

Energiemanagement-Systeme Die Implementierung von Energiemanagement-Systemen leistet einen wichtigen Beitrag dazu, den Energieverbrauch eines Gebäudes in Echtzeit zu überwachen. Dadurch werden zeitnah Optimierungspotenziale sichtbar, was nachhaltig zu Kosteneinsparungen führt.

Finanzierung und Investitionen Die Finanzierung von Immobilienprojekten durch grüne Anleihen und nachhaltige Kredite wird immer beliebter, da Investoren vermehrt nach nachhaltigen Investitionsmöglichkeiten suchen.

Risikomanagement Immobilienunternehmen müssen vermehrt Klimarisiken wie Überschwemmungen, Stürme und steigende Meeresspiegel bei der Kalkulation berücksichtigen und entsprechende Anpassungsstrategien entwickeln.

4.3 Impact Investing in der Immobilienwirtschaft

Der Begriff Impact Investing beschreibt eine Anlagestrategie, bei der Investoren ihr Kapital gezielt in Immobilienprojekte stecken, die einen positiven sozialen und ökologischen Einfluss haben. Auch wenn finanzielle Renditen weiterhin eine Rolle spielen, gewinnen die ESG-Faktoren bei den Entscheidungen einen zunehmend höheren Stellenwert.

Impact-Investoren suchen gezielt nach Projekten, die nachhaltiges Bauen und Wohnen fördern, die bezahlbaren Wohnraum schaffen, die benachteiligte Gemeinden revitalisieren und die den ökologischen Fußabdruck reduzieren. Obwohl der soziale und ökologische Impact im Vordergrund steht, erwarten Impact-Investoren immer noch eine angemessene finanzielle Rendite. Die Immobilienprojekte müssen trotz aller Ansprüche an die sozialen und ökologischen Bedingungen rentabel sein, um die Kapitalanforderungen der Investoren zu erfüllen.

Um ein Impact Investing von einer klassischen Immobilieninvestition zu unterscheiden, müssen klare Ziele und Kennwerte festgelegt werden, die den gewünschten sozialen oder ökologischen Einfluss quantifizieren. Das kann zum Beispiel die Anzahl der geschaffenen Arbeitsplätze, die CO_2-Einsparungen oder die Verbesserung der Lebensqualität in einer Gemeinschaft sein, die sich durch Umfragen oder auch die Beobachtung der Fluktuation messen lassen. Der SROI steht als eine weitere Methode zur Messung des sozialen Mehrwerts einer Investition zur Verfügung. Er vergleicht die sozialen Ergebnisse mit den Investitionskosten und ermittelt, ob die Investition „rentabel" in Bezug auf soziale Auswirkungen ist.

Ihr Transfer in die Praxis
- Immobilienunternehmen können einen aktiven Beitrag zur Klimawende leisten
- CO_2 neutrale Gebäude unterliegen starken Wertsteigerungen
- Bei Immobilienentscheidungen müssen vermehrt Klimarisiken einkalkuliert werden
- Impact Investing fördert nachhaltiges Bauen und Investieren

Literatur

United Nations Environment Programme (2020) 2020 Global Status Report for Buildings and Construction: Towards a Zero-emission, Efficient and Resilient Buildings and Construction Sector. Nairobi. https://globalabc.org/sites/default/files/inline-files/2020%20Buildings%20GSR_FULL%20REPORT.pdf. Zugriff: 12. Januar 2024

5

Social: Soziale Aspekte bei Immobilienentscheidungen

> **Was Sie aus diesem Kapitel mitnehmen**
> - Warum soziale Aspekte bei Immobilienentscheidungen zunehmend wichtig sind
> - Welche sozialen Aspekte über den gesamten Lebenszyklus einer Immobilie betrachtet werden müssen
> - Was Social Impacting genau bedeutet
> - Wie soziale Investitionen messbar gemacht werden können

Im Zuge der zunehmenden Bedeutung der ESG-Kriterien rückt der soziale Aspekt bei Immobilieninvestitionen und Immobilienentscheidungen immer weiter in den Vordergrund. Dieser bezieht sich speziell auf die sozialen Auswirkungen und Verantwortlichkeiten, die mit Immobilienprojekten verbunden sind. Neben der Frage nach der Rendite einer Investition, wird auch betrachtet, welche sozialen Auswirkungen die Immobilienprojekte auf die umliegenden Gemeinschaften und Bewohner haben. Der soziale Aspekt bezieht sich auf den gesamten Lebenszyklus einer Immobilie:

Bezahlbarer Wohnraum Die Bereitstellung von bezahlbarem Wohnraum ist ein wichtiger sozialer Aspekt. Es sollte zunehmend Immobilienprojekte geben, die den Zugang zu bezahlbarem Wohnraum erleichtern und damit auch soziale Ungleichheiten reduzieren.

Gemeinschaftsentwicklung Immobilienprojekte können die umliegenden Gemeinschaften positiv oder negativ beeinflussen. Der soziale ESG-Aspekt fordert, dass Entwickler die Bedürfnisse der Gemeinschaft berücksichtigen und beispielsweise soziale Einrichtungen, Parks oder Bildungsmöglichkeiten fördern.

Arbeitsbedingungen Auch für die einzelnen Gewerke wie die Bauarbeiter, die Immobilien errichten, sollten faire und sichere Arbeitsbedingungen herrschen.

Vielfalt und Inklusion Ebenso wie in vielen anderen Branchen sollte auch die Immobilienbranche perspektivisch Lösungen zur Förderung von Vielfalt und Inklusion finden und umsetzen.

Gesundheit und Sicherheit Die Sicherheit der Bewohner und der Nutzer von Immobilien ist von zunehmender Bedeutung. Das bezieht sich nicht nur auf die körperliche Sicherheit, sondern schließt auch das Schaffen von gesunden und lebenswerten Umgebungen mit ein.

Soziale Verantwortung Immobilienunternehmen sollten soziale Verantwortung übernehmen und sich für gemeinnützige Zwecke engagieren. Sie können beispielsweise die Bildung fördern oder soziale Projekte vorantreiben.

Mieterrechte Mieter von Immobilien sollten diese zu fairen Konditionen beziehen können. Unangemessene Mietsteigerungen oder eine Diskriminierung bei der Vergabe von Wohnraum entsprechen nicht dem Anspruch von ESG-Immobilien.

Immobilienprojekte und -investitionen sollen nicht mehr nur ökonomische Gewinne erzielen, sondern auch einen positiven Beitrag zur

Gesellschaft leisten. Investoren und Unternehmen in der Immobilienbranche, die soziale ESG-Kriterien berücksichtigen, streben danach, nachhaltige und sozial verantwortliche Immobilienlösungen zu fördern, die die Lebensqualität in den Gemeinschaften verbessern und soziale Anliegen berücksichtigen.

5.1 Was ist Social Impact Investing?

Social Impact Investing bedeutet übersetzt „sozial verantwortliches Investieren" und ist eine Sonderform des Impact Investing. Damit wird eine Anlagestrategie bezeichnet, bei der Investitionen in Unternehmen, Projekten oder Fonds getätigt werden, die neben finanziellen Renditen den Blick vor allem auf die sozialen und ökologischen Auswirkungen richten. Social Impact Investing soll einen messbar positiven Einfluss auf die Gesellschaft oder die Umwelt zu haben. Social Impact Investing kann von der Armutsbekämpfung über die Bildungsförderung bis hin zur Schonung der Ressourcen reichen. Investitionen werden vor allem in die Projekte und Unternehmen getätigt, die sich mit diesen Zielen identifizieren können und diese auch aktiv vorantreiben.

5.1.1 Die Messbarkeit einer „sozialen" Investition

Um zu entscheiden, ob ein Immobilienvorhaben auch dem sozialen Aspekt der ESG-Kriterien erfüllen kann, muss der soziale Einfluss messbar gemacht werden. Diese Messung ist eine komplexe Aufgabe. Das Ziel ist es, die sozialen oder umweltspezifischen Auswirkungen eines Projektes zu quantifizieren und es dadurch bewerten zu können. Mögliche Kennzahlen können sein:

Schaffung von Arbeitsplätzen Messbar ist die Anzahl der neuen Arbeitsplätze, die durch das Investment geschaffen wurden.

Einkommensverbesserung Die Steigerung des Einkommens oder der Lebensqualität für die Zielgruppen des Investments.

Zugang zu Bildung Die Anzahl der Personen, die durch das immobilien-Investment Zugang zu Bildungseinrichtungen oder Bildungsressourcen erhalten haben.

Verbesserung der Lebensqualität Die Veränderung der Lebensqualität der Zielgruppen, gemessen anhand von Umfragen oder sozialen Indikatoren.

Soziale Integration Die Förderung von sozialer Integration und Vielfalt in Gemeinschaften.

Verbesserung der Wohnbedingungen Die Verbesserung der Wohnqualität, gemessen anhand von Kriterien wie Wohnraumgröße, Sauberkeit und Zugang zu grundlegenden Einrichtungen.

Kunden- oder Nutzerzufriedenheit Die Zufriedenheit der Kunden oder Nutzer des sozialen Impact-Projekts, gemessen anhand von Umfragen oder Bewertungen.

Ihr Transfer in die Praxis
- Soziale Aspekte betreffen den gesamten Lebenszyklus einer Immobilie
- Dazu gehören bezahlbarer Wohnraum, gute Arbeitsbedingungen auf dem Bau oder Mieterrechte
- Social Impacting ist eine zukunftsfähige Anlagestrategie
- Wichtige Kennzahlen für die Messung eines ROI sind soziale Integration, Kundenzufriedenheit oder die Steigerung des Einkommens

6
Governance: Verantwortungsbewusste Führung in Immobilienunternehmen

> **Was Sie aus diesem Kapitel mitnehmen**
> - Was verantwortungsbewusste Führung genau bedeutet
> - Welche Governance-Kriterien es gibt
> - Welche Kennzahlen es zur Messung einer verantwortungsbewussten Führung gibt

Der Governance-Aspekt bezieht sich auf die Art und Weise, wie Unternehmen in der Immobilienwirtschaft geleitet, geführt und kontrolliert werden. Er legt den Schwerpunkt auf die Einhaltung ethischer Grundsätze wie der Transparenz, der Rechenschaftspflicht und der verantwortungsbewussten Geschäftsführung. Die Geschäftsführung eines Immobilienunternehmens sollte Richtlinien für eine ausgewogene und diverse Führung festlegen. Dazu gehört eine transparente Berichterstattung über die eigenen Geschäftspraktiken ebenso dazu wie aktive Nachhaltigkeitsbemühungen.

Unternehmen sollten in diesem Zusammenhang ethische Grundsätze und Verhaltenskodizes festlegen und auch dafür Sorge tragen, dass die

Mitarbeiter, alle Geschäftspartner und Stakeholder diese Grundsätze auch einhalten. Die Einhaltung der Governance-Grundsätze erfordert die Identifizierung, die Bewertung und das Management von Risiken – nicht nur der finanziellen Risiken, sondern auch der Umwelt- und Sozialrisiken. Geschäftsführer stehen in der Verantwortung, ihre Entscheidungen und Handlungen gegenüber allen Stakeholdern zu rechtfertigen. Darüber hinaus sollten nach Möglichkeit alle Interessengruppen in diese Entscheidungen einbezogen werden und ein Mitspracherecht haben.

6.1 Die Governance-Kriterien auf einen Blick

Dem Governance-Aspekt kommt deswegen eine besondere Bedeutung in der Betrachtung der ESG-Kriterien zu, weil er die Nachhaltigkeitsleistung eines Unternehmens fördert und Geschäftsführer dafür sensibilisiert, welche Verantwortung sie in Bezug auf ihre Führungsrolle tragen.

1. Führung und Management
Governance beginnt schon auf der untersten Führungsebene eines Unternehmens. Schon hier muss das Managementteam die Bedeutung von ESG versteht und in ihre strategische Entscheidungsfindung integrieren.

2. ESG-Ziele und -Richtlinien
- sollten in die Unternehmenskultur eingebettet werden. Sie müssen in jeder Ebene von den Mitarbeitern bis zur Geschäftsführung in der gesamten Organisation umgesetzt werden.

3. Transparenz und Berichterstattung
Unternehmen in der Immobilienwirtschaft sollten Prozesse für eine transparente Berichterstattung etablieren. So können sie nicht nur selbst den Erfolg ihrer ESG-Bemühungen nachvollziehen, sondern diese auch gegenüber ihren Geschäftspartnern und gegenüber der Öffentlichkeit rechtfertigen.

4. Ethik und Integrität
ESG-Governance erfordert eine starke ethische Ausrichtung und Integrität in allen Geschäftsprozessen. Das beginnt bei der Einhaltung von Gesetzen und Vorschriften und reicht bis zur Verankerung von ethischen Standards in der DANN des Unternehmens.

5. Vermeidung von Interessenkonflikten
Unternehmen sollten gezielt Maßnahmen ergreifen, um Interessenkonflikte zu vermeiden. Alle getroffenen Entscheidungen sollten im besten Interesse der Aktionäre und der breiteren Gemeinschaft getroffen werden.

6. Verantwortungsbewusstes Risikomanagement
Governance im ESG-Kontext erfordert eine sorgfältige Identifizierung und eine vorausschauende Bewältigung von Umwelt- und Sozialrisiken. Ein gutes Risikomanagement hat den Schutz vor rechtlichen, finanziellen und Reputationsrisiken immer im Blick. Darüber hinaus müssen immer Strategien zur Risikominderung und zur Anpassung an veränderte ESG-Bedingungen entwickelt werden und bei Bedarf schnell zur Verfügung stehen.

7. Stakeholder-Engagement
Eine effektive ESG-Governance erfordert die Einbeziehung und das Engagement der Stakeholder. Dabei sollten auch Mieter, Lieferanten und Investoren nicht aus dem Blickfeld geraten. Die enge Kommunikation und der regelmäßige Dialog mit diesen Gruppen sind wichtig, um deren Bedenken und Anliegen zu verstehen und angemessen darauf zu reagieren.

8. Nachhaltige Finanzierung
Unternehmen sollten sich über nachhaltige Finanzierungsoptionen Gedanken machen, um die eigenen ESG-Ziele voranzutreiben. Möglichkeiten für die Umsetzung sind grüne Anleihen, nachhaltige Kredite oder andere Finanzinstrumente.

Damit sich die Führungsverantwortlichen ihrer Aufgabe zur Planung und Einhaltung dieser Aufgaben bewusst werden und auch Praxistipps für die Umsetzung bekommen, lohnt sich eine Investition in regelmäßige Schulungen und Weiterbildungen.

6.2 Wichtige Kennzahlen zur Messung einer verantwortungsbewussten Führung

Wie lassen sich die sogenannten weichen Führungsfaktoren messen und das Verantwortungsbewusstsein in der Führung messbar machen? Es stehen auch dafür verschiedene Kennzahlen und Indikatoren zur Verfügung, die als Bemessungsgrundlage genutzt werden können.

Mit der **Board Diversity** (Diversität im Vorstand) wird die Vielfalt der Vorstandsmitglieder hinsichtlich des Geschlechts, ihrer ethnischer Herkunft, ihres Alters und vieler anderer Merkmale gemessen. Eine diverse Zusammensetzung des Vorstands weist auf Offenheit und Chancengleichheit hin. Zudem sichern sich Unternehmen damit auch zahlreiche Vorteile wie breitere Perspektiven und neue Denk- und Herangehensweisen. Daneben kann auch die **Anzahl unabhängiger externer Direktoren**, die im Vorstand eines Unternehmens sitzen, eine wichtige Kennzahl sein. Ein höherer Anteil unabhängiger Direktoren optimiert die Governance und verbessert die Fähigkeit des Vorstands, das Management zu überwachen.

Der **Corporate Governance Index (CGI)** misst die Governance-Praktiken eines Unternehmens anhand verschiedener Kriterien wie Transparenz, Rechenschaftspflicht und Schutz der Aktionärsrechte. Ein höherer CGI-Wert verweist auf eine gute und vertrauensvolle Führung. Daneben existiert als Indikator auch die **Compliance-Rate**. Diese Kennzahl misst, inwieweit ein Unternehmen die geltenden Gesetze und Vorschriften einhält. Je höher die Compliance-Rate, desto besser.

Bei der Bewertung der Governance lohnt ein Blick auf die **Vergütung des Vorstands**. Wie ist das Verhältnis von Vorstandsgehältern zum Durchschnittsgehalt der Mitarbeiter und der Unternehmensleistung?

Gerade in sehr großen Unternehmen sollte es Whistleblower-Schutzprogramme geben, damit sich Mitarbeiter auch sicher fühlen, Verstöße zu melden oder Beschwerden vorzubringen.

6 Governance: Verantwortungsbewusste Führung ...

Die **Veröffentlichung von CSR-Berichten** und die **Einhaltung international anerkannter Standards** wie GRI (Global Reporting Initiative) oder SASB (Sustainability Accounting Standards Board) können die Transparenz in Bezug auf Governance-Aspekte signifikant erhöhen.

> **Ihr Transfer in die Praxis**
>
> - Der Governance-Aspekt bezieht sich auf die Art und Weise der Unternehmensführung
> - Die Verantwortlichen sollten Richtlinien für eine ausgewogene Führung festlegen
> - Relavante Governance-Kriterien sind u. a. die Transparenz in der Berichterstattung, die Vermeidung von Interessenkonflikten und ein verantwortungsbewusstes Risikomanagement
> - Wichtige Kennzahlen zur Messung des Governance-Aspektes sind beispielsweise die Vergütung des Vorstandes und die Compliance-Rate

7

Die Taxonomie- und Offenlegungsverordnung

> **Was Sie aus diesem Kapitel mitnehmen**
> - Was die Taxonomieordnung ist
> - Was hinter der Offenlegungsverordnung steht
> - Welche Schwellenwerte für Umweltziele gelten
> - Welche Auswirkungen die Verordnungen auf die Immobilienwirtschaft haben

Seitdem auch in der Politik ein Bewusstsein dafür entstanden ist, wie wichtig das Thema Nachhaltig ist und welches schnelle Handeln erforderlich ist, gibt es zahlreiche Bestrebung und Gesetze, die sowohl Privatpersonen als auch Unternehmen zum nachhaltigen Handeln verpflichten. Im Zuge des Pariser Klimaschutzabkommens, das am 5. Oktober 2016 vom Rat der Europäischen Union verabschiedet wurde, hat sich die Europäische Union dazu verpflichtet, die Treibhausgasemissionen bis zum Jahr 2030 um mindestens 40 % im Vergleich zu den Werten von 1990 zu senken. Zur Realisierung dieser Ziele wurde im Dezember 2019 der European Green Deal als entscheidender Fahrplan für eine nachhaltige Wirtschaft in der EU verabschiedet. Ziel dieses Plans ist es, bis

2050 als erster Kontinent weltweit klimaneutral zu sein. Als eigenständige Initiative neben dem Pariser Klimaschutzabkommen hatte die Europäische Kommission die Aufgabe, bis Sommer 2020 einen Plan vorzulegen, wie eine Reduzierung der Treibhausgase um 50–55 % bis 2030 erreicht werden kann. Schließlich wurde festgelegt, die Reduzierung der Treibhausgase bis 2030 auf 55 % zu erhöhen.

7.1 Die Taxonomieverordnung

Die Taxonomie-Verordnung, offiziell bekannt als „Verordnung (EU) 2020/852 des Europäischen Parlaments und des Rates über die Einrichtung eines Rahmens zur Erleichterung nachhaltiger Investitionen" (Europäisches Parlament, Rat der Europäischen Union 2020), ist eine wichtige Gesetzgebung der Europäischen Union (EU), die am 1. Juli 2021 in Kraft getreten ist. Die Taxonomie-Verordnung legt einen Rahmen zur Bestimmung fest, welche wirtschaftlichen Tätigkeiten als ökologisch nachhaltig gelten und somit als förderungswürdige Investitionen angesehen werden können.

Die Verordnung hat das Ziel, die Finanzmärkte der EU mit klaren und konsistenten Kriterien für nachhaltige Investitionen auszustatten. Mit anderen Worten, sie soll Investoren und Unternehmen dabei unterstützen, Investitionen in Projekte und Aktivitäten zu tätigen, die Umwelt- und Nachhaltigkeitsziele fördern, wie sie im Rahmen des Pariser Klimaschutzabkommens und anderer internationaler Übereinkünfte festgelegt sind.

Die Taxonomie-Verordnung definiert sechs Hauptumweltziele, die eine wirtschaftliche Tätigkeit erfüllen muss, um als ökologisch nachhaltig angesehen zu werden:

1. Klimaschutz
2. Anpassung an den Klimawandel
3. Nachhaltige Nutzung und Schutz der Wasser- und Meeresressourcen
4. Übergang zur Kreislaufwirtschaft
5. Vermeidung und Verminderung der Umweltverschmutzung
6. Schutz und Wiederherstellung der biologischen Vielfalt und der Ökosysteme

Die Taxonomie-Verordnung legt auch technische Kriterien und Schwellenwerte fest, die bestimmen, ob eine wirtschaftliche Tätigkeit als wesentlicher Beitrag zu einem oder mehreren dieser Umweltziele betrachtet werden kann. Darüber hinaus legt sie Anforderungen an die Offenlegung von Informationen durch Unternehmen fest, damit Investoren und Interessengruppen besser verstehen können, inwieweit Investitionen und Geschäftstätigkeiten den Kriterien der Taxonomie entsprechen. Die Verordnung ist ein wichtiger Schritt zur Umsetzung des Europäischen Green Deals und zur Erreichung der Klimaziele der EU.

7.1.1 Auswirkungen der Taxonomie-Verordnung auf die Immobilienwirtschaft

Die Taxonomie-Verordnung der Europäischen Union hat aus nachvollziehbaren Gründen erhebliche Auswirkungen auf die Immobilienwirtschaft. Diese Auswirkungen ergeben sich aus den Bestimmungen der Verordnung und den damit verbundenen Bemühungen, nachhaltige Investitionen zu fördern und die Transparenz in Bezug auf Umwelt- und Nachhaltigkeitsaspekte von Immobilienprojekten zu steigern.

Die Taxonomie-Verordnung zielt darauf ab, Investitionen in nachhaltige Projekte zu fördern. So liegt der Fokus heute auf Projekten, die erneuerbare Energien nutzen, um die Energieeffizienz zu erhöhen. Solaranlagen und Wärmepumpen sind heute bereits Standard bei der Planung eines Neubauvorhabens geworden. Nachhaltige Immobilienprojekte, die die Kriterien der Taxonomieverordnung erfüllen, haben leichter Zugang zu Finanzierungsangeboten und profitieren oft auch von besseren Konditionen.

Durch die Regeln der Verordnung sind viele Unternehmen in der Immobilienbranche zur Offenlegung verpflichtet. Auch Investoren müssen besser darüber informiert werden, wie nachhaltig ein bestimmtes Immobilienprojekt ist. Immobilienunternehmen müssen zunehmend ihre Strategien und Geschäftsmodelle anpassen, um die Nachhaltigkeitskriterien der Taxonomieverordnung zu erfüllen. Sie müssen ihre bestehenden Geschäftsmodelle überdenken und sich in Zukunft verstärkt auf die Entwicklung umweltfreundlicher Gebäude, die Verbesserung der

Energieeffizienz von Bestandsgebäuden und die Integration von erneuerbaren Energien ausrichten.

Durch die Taxonomieverordnung sind viele Unternehmen in der Immobilienbranche dazu gezwungen, Umweltrisiken und -chancen im Zusammenhang mit ihren Immobilienportfolios genauer zu bewerten. Dazu gehören vor allem Risiken, die im Zusammenhang mit dem Klimawandel, möglichen Naturkatastrophen und der Energieeffizienz eines Gebäudes stehen.

Da nachhaltige Immobilienprojekte auch durch den Einfluss der Verordnung an Bedeutung gewinnen, verschiebt sich die Marktnachfrage. Immobilien, die den Nachhaltigkeitskriterien entsprechen, werden bei Käufern und auch bei Mietern perspektivisch bevorzugt. Da Unternehmen aus der Immobilienwirtschaft zu einer nachhaltigen Neuausrichtung gezwungen sind, entstehen neue Chancen für innovative Technologien und Lösungen.

7.1.2 Die Offenlegungsverordnung

Die Offenlegungsverordnung der Europäischen Union (Europäisches Parlament, Rat der Europäischen Union 2019) ist eine wichtige Rechtsvorschrift, die am 10. März 2021 in Kraft getreten ist. Diese Verordnung hat das Ziel, die Transparenz und Offenlegung von Nachhaltigkeitsinformationen im Finanzsektor zu fördern.

Die Offenlegungsverordnung soll sicherstellen, dass Finanzmarktteilnehmer (z. B. Investmentfonds, Vermögensverwalter, Versicherungsgesellschaften, Pensionsfonds und andere Finanzinstitute) und ihren Kunden Informationen über die Nachhaltigkeitsaspekte ihrer Produkte und Dienstleistungen zur Verfügung stellen. Diese Informationen sollen Investoren und Anlegern dabei helfen, fundierte Anlageentscheidungen unter Berücksichtigung von Umwelt-, Sozial- und Governance- (ESG) Kriterien zu treffen.

Die wichtigsten Bestimmungen der Offenlegungsverordnung umfassen:

Nachhaltigkeitsrisiken Finanzmarktteilnehmer müssen erklären, wie sie Nachhaltigkeitsrisiken in ihren Anlageentscheidungen berücksichtigen. Nachhaltigkeitsrisiken beziehen sich auf Risiken im Zusammenhang mit Umwelt- und sozialen Faktoren, die sich auf die Wertentwicklung von Investitionen auswirken können.

Hauptnachhaltigkeitsindikatoren Unternehmen, die von der Offenlegungsverordnung erfasst werden, müssen bestimmte Nachhaltigkeitsindikatoren offenlegen. Dazu gehören Informationen zu Umweltauswirkungen, Treibhausgasemissionen und sozialen Aspekten.

Nachhaltigkeitspräferenzen Finanzmarktteilnehmer und -berater müssen Kunden nach ihren Nachhaltigkeitspräferenzen fragen und sicherstellen, dass die angebotenen Produkte und Dienstleistungen diesen Präferenzen entsprechen.

Transparenz über die ESG-Integration Unternehmen müssen offenlegen, wie sie ESG-Aspekte in ihre Anlageentscheidungen integrieren und wie sie die Auswirkungen von ESG-Faktoren bewerten.

Berichtspflichten Finanzmarktteilnehmer müssen regelmäßige Berichte über die ESG-Aspekte ihrer Produkte erstellen und diese Informationen auf ihren Websites veröffentlichen.

Die Offenlegungsverordnung soll es Investoren ermöglichen, dass sie Zugang zu relevanten und vergleichbaren Informationen über die Nachhaltigkeitsleistung von Finanzprodukten und -dienstleistungen erhalten. Auf dieser Basis wird es Anlegern ermöglicht, nachhaltige Anlageentscheidungen zu treffen. Unternehmen in der Finanzbranche werden durch die Offenlegungsverordnung dazu ermutigt, in ihren Geschäftspraktiken ESG-Kriterien verstärkt zu berücksichtigen. die Berücksichtigung von ESG-Kriterien in ihren Geschäftspraktiken zu verstärken.

7.1.3 Auswirkungen der Offenlegungsverordnung auf die Immobilienwirtschaft

Die Offenlegungsverordnung der Europäischen Union (EU) hat auch Auswirkungen auf die Immobilienwirtschaft, insbesondere auf Immobilienunternehmen, Immobilienfonds und Finanzinstitute, die in diesem Sektor tätig sind. Diese Akteure müssen transparente Informationen über ihre Nachhaltigkeitspraktiken wie der Energieeffizienz, den Gebäudezertifizierungen, den CO_2-Emissionen und den sozialen Aspekten bereitstellen, die für Investoren und Mieter von Bedeutung sein könnten.

Investoren, insbesondere institutionelle Anleger, legen verstärkten Wert auf ESG-Faktoren und die Nachhaltigkeitsleistung von Immobilieninvestitionen. Die Offenlegungsverordnung kann die Entwicklung von „grünen" Finanzprodukten und -fonds fördern und so auch die Nachfrage an umweltfreundlichen Immobilien und dem nachhaltigen Bauen erhöhen. Nachhaltige Gebäude haben heute in aller Regel eine höhere Wertschöpfung.

In Anbetracht dieser Entwicklungen können Immobilienunternehmen ihre Geschäftsstrategien so anpassen, um Nachhaltigkeitskriterien besser zu erfüllen. Sie setzen ihren Schwerpunkt auf energieeffiziente Sanierungen, erneuerbare Energien und umweltfreundliche Gebäude.

Ihr Transfer in die Praxis

- Die Taxonomie- und Offenlegungsverordnung verpflichtet Unternehmen in der Immobilienwirtschaft zum nachhaltigen Handeln
- Bis 2050 will Europa als erster Kontinent komplett klimaneutral sein
- Nach der Taxonomieverordnung müssen Umweltrisiken in Zukunft noch genauer abgewogen werden
- Die Offenlegungsverodnung schreibt vor, dass Finanzteilnehmer ihre Kunden zukünftig noch intensiver über Nachhaltigkeitsaspekte informieren müssen

---

Literatur

Europäisches Parlament, Rat der Europäischen Union (2020) Verordnung (EU) 2020/852 des Europäischen Parlaments und des Rates vom 18. Juni 2020 über die Einrichtung eines Rahmens zur Erleichterung nachhaltiger Investitionen und zur Änderung der Verordnung (EU) 2019/2088. https://eur-lex.europa.eu/eli/reg/2020/852/oj, Zugriff: 20. Oktober 2023

Europäisches Parlament, Rat der Europäischen Union (2019) Verordnung (EU) 2019/2088 des Europäischen Parlaments und des Rates vom 27. November 2019 über nachhaltigkeitsbezogene Offenlegungspflichten im Finanzdienstleistungssektor. https://eur-lex.europa.eu/legal-content/DE/ALL/?uri=CELEX:32019R2088. Zugriff 20. Oktober 2023

8

Wie funktioniert das ESG-Scoring?

> **Was Sie aus diesem Kapitel mitnehmen**
> - Was das ESG-Scoring ist und wie es funktioniert
> - Welche Hauptkomponenten es für das ESG-Scoring gibt
> - Wer das Scoringverfahren durchführt
> - Welche Unterschiede es zwischen ESG-Scoring und ESG-Rating gibt
> - Wie der Ratingprozess in der Praxis funktioniert

Die Immobilienbranche geht mehrheitlich davon aus, dass Immobilien ohne nachhaltige Bauweise und Bewirtschaftung langfristig nicht mehr oder nur noch sehr schwer verkäuflich sein werden. Daher werden die ESG-Kriterien perspektivisch zu den wichtigsten Investitionsfaktoren. Allerdings ist „Nachhaltigkeit" ohne konkrete Bewertungsfaktoren ein sehr schwammiger und wenig greifbarer4 Begriff, sodass die Notwendigkeit entstanden ist, die ESG-Kriterien von Immobilien messbar zu machen.

8.1 Was versteht man unter ESG-Scoring?

Das ESG-Scoring (Environmental, Social, and Governance Scoring) ist ein Bewertungssystem, das Unternehmen anhand ihrer Leistung in den Bereichen Umwelt (Environmental), Soziales (Social) und Unternehmensführung (Governance) bewertet. Es dient dazu, die Nachhaltigkeits- und soziale Verantwortung eines Unternehmens zu messen und zu bewerten. Das ESG-Scoring ist in den letzten Jahren zu einem wichtigen Instrument für Investoren, Finanzanalysten, Ratingagenturen, Regulierungsbehörden und andere Stakeholder geworden, die an Nachhaltigkeits- und sozialen Themen interessiert sind. Das sind die Hauptkomponenten des ESG-Scorings bezogen auf die drei Kriterien im Detail:

1. Umwelt
Diese Kategorie im ESG-Scoring bewertet, wie ein Unternehmen mit den Umweltauswirkungen umgeht, die es verursacht. Dazu gehören Aspekte wie der Umgang mit Treibhausgasemissionen, der Energieeffizienz, dem Abfallmanagement, dem Wasserverbrauch und auch der Einhaltung von Umweltauflagen. Je besser Unternehmen nachhaltig agieren, desto höhere ESG-Punktzahlen sind zu erreichen.

2. Soziales
In dieser Kategorie befasst sich das ESG-Scoring mit den sozialen Belangen, die im Zusammenhang mit dem Unternehmen stehen. Dazu gehören Themen wie die Arbeitsbedingungen, die Vielfalt und Inklusion, die Gesundheit und Sicherheit der Mitarbeiter sowie der Einsatz von Produkten, die Auswirkungen auf die Gesellschaft haben. Unternehmen, die soziale Verantwortung übernehmen und ethische Praktiken fördern, erzielen in dieser Kategorie bessere ESG-Werte.

3. Governance
Die Unternehmensführung bewertet die Qualität der Führung und der Corporate Governance eines Unternehmens. Beim Scoring-Prozess werden Aspekte wie die Zusammensetzung des Vorstands, Transparenz in der Unternehmensführung, Ethik und Integrität, Vergütungspraktiken für Führungskräfte und die Qualität der Unternehmensberichterstattung.

Unternehmen, die sich im Bereich der Governance gut aufgestellt haben, können in dieser Kategorie entsprechend hohe ESG-Bewertungen bekommen.

Die Bewertung erfolgt beim ESG-Scoring in aller Regel auf einer Skala oder in Form von Punktzahlen. Unternehmen erhalten Gesamtpunktzahlen, die auf ihren Leistungen in den drei Kategorien basieren. Durch die Gesamtpunktzahl soll eine Vergleichbarkeit verschiedener Immobilienprojekte möglich werden, damit Investoren und andere Stakeholder eine bessere Entscheidungsgrundlage bekommen.

8.1.1 Wer führt ESG-Scoringverfahren durch?

Es gibt keinen einheitlichen Anbieter, über den ein Unternehmen aus der Immobilienbranche ein ESG-Scoring durchführen kann. ESG-Scoringverfahren werden von verschiedenen Organisationen und Einrichtungen durchgeführt. Dazu gehören ESG-Ratingagenturen, die sich auf die Bewertung von Unternehmen hinsichtlich ihrer ESG-Performance spezialisiert haben. Diese Agenturen wenden jeweils eigene Methoden und Kriterien an, um zu einem Rating-Ergebnis zu kommen. Bekannte ESG-Ratingagenturen sind beispielsweise MSCI ESG, Sustainalytics, ISS ESG, und Moody's ESG Solutions.

Auch einige Finanzinstitute und Vermögensverwalter bieten an, einen ESG-Score für Immobilien zu entwickeln und deren Nachhaltigkeitsleistung zu bewerten. Einige Unternehmen in der Immobilienbranche führen selbst interne ESG-Scoringverfahren durch, um einen Überblick über ihre eigenen Leistungen in den Bereichen Umwelt, Soziales und Governance zu bekommen. Diese Informationen nutzen sie dann beispielsweise für ESG-Berichte und für die Kommunikation an Interessengruppen.

8.1.2 Es gibt noch keine einheitlichen Standards für das Scoring-Verfahren

Es gibt derzeit noch keinen universellen oder globalen Standard für das ESG-Scoring, der von allen ESG-Scoring-Anbietern weltweit einheitlich akzeptiert wird. Die ESG-Scoring-Methoden und Kriterien können abhängig von der Organisation oder der Agentur, die das Scoring durchführt, variieren.

Trotzdem gibt es einige Bemühungen zur Standardisierung der ESG-Bewertungen, um eine bessere Vergleichbarkeit zu erreichen. Die Global Reporting Initiative (GRI) ist eine weltweit anerkannte Organisation, die Richtlinien für die Nachhaltigkeitsberichterstattung entwickelt hat. Obwohl sie keine direkten ESG-Scoring-Methoden erstellt, haben die GRI-Richtlinien dazu beigetragen, eine gemeinsame Grundlage für die Berichterstattung über Umwelt-, soziale und Governance-Themen zu schaffen.

Daneben existiert das Sustainability Accounting Standards Board (https://sasb.org/), das branchenspezifische Standards für die Berichterstattung über finanziell wesentliche ESG-Themen entwickelt. Diese Standards sollen Unternehmen dabei unterstützen, relevante ESG-Informationen auf eine konsistente und investorenfreundliche Weise offenzulegen.

Die Task Force on Climate-related Financial Disclosures (https://www.fsb-tcfd.org/) hat Empfehlungen zur Offenlegung klimabezogener finanzieller Informationen entwickelt. Obwohl sie sich hauptsächlich auf den Klimawandel konzentrieren, haben ihre Empfehlungen dazu beigetragen, die ESG-Berichterstattung in Bezug auf Klimarisiken zu standardisieren.

Mit der EU Taxonomie-Verordnung hat die Europäische Union eine Taxonomie-Verordnung eingeführt, die Kriterien und Standards für die Einstufung wirtschaftlicher Aktivitäten in Bezug auf Umweltziele festlegt (Bundesministerium für Klimaschutz, Umwelt, Energie, Mobilität, Innovation und Technologie o. J.) Trotz all dieser Bemühungen bleibt die ESG-Scoring-Landschaft vielfältig. Unternehmen in der Immobilienwirtschaft sollten die spezifische Methodik und die Kriterien eines ESG-Scoring-Anbieters verstehen, um die Ergebnisse richtig zu interpretieren. In den kommenden wird es höchstwahrscheinlich weitere Schritte in Richtung einer globalen Standardisierung und Harmonisierung geben, da die Nachfrage nach konsistenten und vergleichbaren ESG-Daten weiter zunimmt.

8.1.3 Was ist der Unterschied zwischen ESG-Scoring und ESG-Reporting?

Die Begriffe ESG-Scoring und ESG-Reporting werden oft synonym verwendet, obwohl es hier entscheidende Unterschiede gibt. Zwar sind die Konzepte miteinander verwandt, sollten aber nicht verwechselt werden.

Das ESG-Scoring befasst sich mit der quantitativen Bewertung von Unternehmen basierend auf ihrer Leistung in den ESG-Bereichen. Es handelt sich dabei um ein Verfahren, bei dem Unternehmen Punktzahlen oder Ratings basierend auf ihren ESG-Praktiken und Leistungen erhalten. Das ESG-Scoring wird in der Regel von unabhängigen ESG-Ratingagenturen, Finanzinstituten oder Forschungsorganisationen durchgeführt. Die Scoring-Ergebnisse sind meistens für die Öffentlichkeit zugänglich und dienen als Entscheidungshilfe für Investoren oder auch Mieter einer Immobilie. Ein zentrales Merkmal des ESG-Scorings ist die standardisierten Methodik, mit der Daten erfasst und entsprechend gewichtet werden, um darauf aufbauend dann die Gesamtleistung eines Unternehmens zu bewerten.

Das ESG-Reporting wird dagegen unter einer anderen Zielstellung angefertigt. Es handelt sich dabei um eine Berichterstattung, bei der Unternehmen Informationen über ihre ESG-Praktiken und Leistungen in Form von Berichten öffentlich zugänglich machen. Diese Berichte bieten detaillierte Einblicke in die Nachhaltigkeitsbemühungen und werden auch beispielsweise von potenziellen Geschäftspartnern angesehen, um eine Entscheidung für oder gegen eine Zusammenarbeit zu treffen. Das ESG-Reporting ist auch ein Mittel, das für die internen Steuerung und für die Kommunikation von Informationen an Interessengruppen wie Investoren, Kunden, Mitarbeiter und die breitere Öffentlichkeit genutzt wird. Die Daten liefern einen Beweis für das Engagement eines Unternehmens für Transparenz und Nachhaltigkeit zu zeigen.

Im Gegensatz zum ESG-Scoring, das auf standardisierten Bewertungskriterien basiert, kann die Art und die Form des ESG-Reportings stark variieren. Unternehmen können wählen, welche ESG-Themen sie in ihren Berichten hervorheben und sie sind auch frei in der Wahl der Art und Weise, wie sie ihre ESG-Performance darstellen.

Zusammenfassend Das ESG-Scoring ist eine externe Bewertung von Unternehmen, die von Dritten durchgeführt wird, um die ESG-Performance zu bewerten und sie miteinander zu vergleichen. Das ESG-Reporting hingegen bezieht sich auf die Selbstoffenbarung von Unternehmen in Bezug auf ihre ESG-Praktiken und Leistungen. Es dient dazu, die Transparenz und die Kommunikation im Bereich der Nachhaltigkeit zu fördern. Die zentrale Gemeinsamkeit besteht darin, dass beide Konzepte für die Beurteilung und das Verständnis der Nachhaltigkeitsbemühungen von Unternehmen entwickelt wurden.

8.2 So funktioniert der ESG-Ratingprozess

Wie bereits erwähnt, existiert keine einheitliche Vorgehensweise beim ESG-Scoring und jeder Anbieter nutzt unterschiedliche Datenquellen und Analyseverfahren. Die Ermittlung eines ESG-Scores erfolgt meistens durch die Berücksichtigung von Kriterien, die gewichtet sind und je nach Branche spezifisch angepasst werden. Für das ESG-Scoring werden eine breite Palette von Datenquellen und Informationen herangezogen. Im Folgenden finden Sie eine kleine Auswahl typischer Datenquellen.

Finanzberichte Finanzielle Berichte und Abschlüsse des Unternehmens liefern wichtige Informationen, die auf die Governance-Praktiken und finanzielle Stabilität hinweisen.

Umweltberichte Viele Unternehmen erstellen Umweltberichte, in denen sie Informationen über ihren Energieverbrauch, ihre Treibhausgasemissionen, ihre Umweltauswirkungen und ihre Umweltschutzmaßnahmen bereitstellen. Meistens sind hier unter anderem Daten zu Treibhausgasemissionen, dem Energieverbrauch, dem Wasserverbrauch und dem Abfallmanagement erfasst.

Sozialberichte Sozialberichte bieten Einblicke in Themen wie die Arbeitsbedingungen, Vielfalt und Inklusion, die Mitarbeiterzufriedenheit, das Gemeinschaftsengagement und die soziale Verantwortung.

Unternehmensberichte Informationen zur Unternehmensführung, zur Zusammensetzung des Vorstands, zur Vergütung der Führungskräfte und zu Ethikrichtlinien können aus Unternehmensberichten und anderen Governance-Dokumenten gewonnen werden.

Nachhaltigkeitsberichte Nachhaltigkeitsberichte enthalten meistens eine umfassende Berichterstattung über ESG-Themen, die eine sehr reichhaltige Datenquelle für das ESG-Scoring sind.

Personaldaten Dazu gehören Informationen zu Mitarbeiterzahlen, zur Arbeitsplatzsicherheit, zu den Arbeitsbedingungen, zur Vielfalt und zur Inklusion.

Daten zu Stakeholder-Beziehungen Wichtig für das Scoring sind Informationen zu den Beziehungen des Unternehmens zu seinen Interessengruppen, einschließlich der Kunden und der Lieferanten.

Während ISS, MSCI und Sustainalytics bei ihren ESG-Bewertungen von Unternehmen eine Kombination aus algorithmischer Analyse und manueller ESG-Analyse verwenden, setzen andere Anbieter ausschließlich auf automatisierte Algorithmen.

8.2.1 Bessere Datenqualität durch integriertes ESG-Reporting

Eine in die unternehmerischen Prozesse integrierte ESG-Berichterstattung ermöglicht es den Immobilienakteuren, langfristig den Wert der Objekte im Blick zu haben und dabei auch Chancen und Risiken zu identifizieren. Ein integriertes Reporting hilft ihnen dabei, die allgemeinen Auswirkungen der ESG-Faktoren besser zu verstehen und dadurch auch nach außen kommunizieren zu können. Die ESG-Leistung hängt immer von der finanziellen Leistung ab und umgekehrt.

Spezielle ESG-Software- und auch Hardware kann Unternehmen aus der Immobilienbranche dabei unterstützen, ESG-Daten zu sammeln und auszuwerten. Die Erfassung von ESG-Daten kann beispielsweise durch IoT-Geräte erreicht werden.

Der Einsatz moderner Technologien hat für ein integriertes ESG-Reporting entscheidende Vorteile (Deloitte 2023):

1. Effizientes ESG-Datenmanagement und Reporting
Moderne Systeme ermöglichen es, ESG-Daten effektiv zu sammeln und diese auch kontinuierlich zu überwachen. Dadurch können auch ohne großen Personalaufwand automatisierte Berichte erstellt werden. ESG-Daten, die an einem Ort zusammengefasst werden, erleichtern die Erkennung von Trends und Mustern in den Daten. Infolgedessen können Immobilien- Unternehmen wertvolle Zeit und Ressourcen sparen.

2. Erhöhte Genauigkeit und Transparenz
Ein softwarebasiertes ESG-Reporting erhöht die Transparenz für Immobilienunternehmen und ermöglichen eine verbesserte Kommunikation mit Investoren. Sie können ESG-Risiken besser identifizieren und nachverfolgen.

3. Verbesserte Leistungsanalyse
Durch das Tracking und die Berichterstattung über ESG-Daten können Unternehmen Bereiche identifizieren, in denen sie in ihren ökologischen, ihren sozialen und ihren Governance-Praktiken noch Schwachstellen haben bzw. können sie ihre Stärken erkennen.

4. Umfassende Vermögensbewertung
Durch die Kombination von ESG-Daten mit finanziellen und anderen nichtfinanziellen Daten können Unternehmen einen umfassenderen Ansatz zur Bewertung von Vermögenswerten verfolgen. Sie können mit einem Blick erkennen, welche Maßnahmen welche Auswirkung auf ihre ESG-Leistung und damit auch die Vermögens- und Portfoliowerte haben.

Um von diesen Vorteilen eines integrierten ESG-Scorings zu profitieren, müssen Unternehmen auf die richtige Software setzen. Sie müssen sorgfältig abwägen, welche Berichts- und Überwachungsanforderungen bei der Auswahl eines ESG-Software-Tools eine Rolle spielen. Die Software muss die Komplexität des Unternehmens und seiner Akteure abbilden können. Zudem sollte das System skalierbar sein und die heutigen, aber auch zukünftige Datenmengen erfassen können, um auch einem wachsenden Portfolio gerecht zu werden. Das Softwaretool sollte sich außerdem nahtlos in bestehende Softwarelösungen des Unternehmens integrieren lassen, einschließlich der Immobilienverwaltung, der Berichterstattung und der Buchhaltungssysteme.

8.3 Warum ist das ESG-Scoring gerade für Asset-Manager so relevant?

Das ESG-Scoring hilft Asset-Managern dabei, potenzielle Risiken besser zu verstehen und diese zu bewerten. Unternehmen, die in Bezug auf ihre Umweltauswirkungen, ihre soziale Verantwortung und die Governance-Praktiken Schwächen aufweisen, sind einem höheren Risiko ausgesetzt – beispielsweise in Form von Reputationsverlusten, rechtlichen Problemen oder Geschäftsunterbrechungen. Durch die Berücksichtigung der Scoring-Ergebnisse in ihren Anlageentscheidungen können Asset-Manager diese Risiken minimieren.

Unternehmen, die sich auf Nachhaltigkeit und soziale Verantwortung konzentrieren, bieten Investoren langfristig stabile und nachhaltige Renditen. Asset-Manager sind daher bestrebt, Unternehmen mit einer starken ESG-Performance in ihre Portfolios aufzunehmen.

Immer mehr Investoren, darunter auch institutionelle Anleger, Pensionsfonds und Privatanleger, sind auf der Suche nach einer nachhaltigen Anlage. Asset-Manager, die in der Lage sind, ESG-Faktoren in ihren Anlagestrategien zu berücksichtigen, können die Wünsche dieser Investoren besser erfüllen.

8.4 So beeinflusst das ESG-Scoring die Arbeit der Immobilienmakler

Die ESG-Kriterien beeinflussen auch die Beratungstätigkeit von Immobilienmaklern. Bei der Auswahl von Objekten für Käufer und Mieter müssen sie zukünftig ein besonderes Augenmerk auf Nachhaltigkeitsaspekte, den Umweltschutz und ethische Prinzipien legen. Bevor eine

Vermietung erfolgt, müssen Makler perspektivisch einen Blick in die Geschäfts- und Nachhaltigkeitsberichte werfen.

Makler werden gerade beim geplanten Immobilienverkauf mit der Bewertung einer Immobilie beauftragt. Dabei werden Kriterien wie die Lage, die aktuellen Bodenrichtwerte, die Wohnfläche oder die Ausstattung zurate gezogen. Zukünftig müssen sie in die Immobilienbewertung auch die ESG-Kriterien verstärkt einbezogen werden.

Ihr Transfer in die Praxis

- Das ESG-Scoring ist ein Bewertungssystem, mit dem die Nachhaltigkeitsbemühungen eines Immobilienunternehmens messbar werden
- Es ist ein wichtiges Instrument für Investoren, Finanzanalysten, Ratingagenturen, Regulierungsbehörden
- ESG-Scoringverfahren werden von verschiedenen Organisationen und Einrichtungen wie beispielsweise ESG-Ratingagenturen durchgeführt
- Es gibt noch keine einheitlichen Standards für ein ESG-Rating
- Ein modernes Datenmanagement und Reporting ist für die Datenqualität entscheidend

---

Literatur

Bundesministerium für Klimaschutz, Umwelt, Energie, Mobilität, Innovation und Technologie (o.J.) EU-Taxonomie-Verordnung. https://www.bmk.gv.at/green-finance/finanzen/eu-strategie/eu-taxonomie-vo.html. Zugriff: 20. Oktober 2023

Deloitte (2023) ESG in der Immobilienwirtschaft. In der Real Estate Branche wird ESG zunehmend wichtiger – Globale Perspektiven zu Nachhaltigkeit und Klima. https://www2.deloitte.com/de/de/pages/real-estate/articles/esg-immobilienwirtschaft.html. Zugriff: 20. Oktober 2023.

9

Einfluss der ESG-Kriterien auf die Stakeholder der Immobilienwirtschaft

> **Was Sie aus diesem Kapitel mitnehmen**
> - Auf welche Stakeholder die ESG-Kriterien konkret Einfluss nehmen
> - Was Immobilienmakler über die Entwicklung der ESG-Kriterien wissen sollten
> - Welche Grundsätze Makler bei der Immobilienvergabe beachten sollten
> - Wie ESG-Kriterien die Preisgestaltung im Immobiliensektor beeinflussen

Die ESG-Anforderungen fluten schrittweise die Arbeits- und Einflussbereiche aller Stakeholder. Da Umweltbelange unaufhaltsam an Bedeutung gewinnen, können weder Makler noch Hausverwaltungen oder Investoren die Augen davor verschließen, dass sich ihre Arbeit neu ausrichten bzw. anpassen muss. Die ESG-Kriterien haben beispielsweise Einfluss auf die finanziellen Angelegenheiten. Sie beeinflussen die Reputation und das Image einer Marke und müssen auch auf die Kundenbedürfnisse Rücksicht nehmen.

9.1 So beeinflussen die ESG-Kriterien die Arbeit der Makler

Dieser Einfluss der ESG-Kriterien erstreckt sich auf ganz unterschiedliche Tätigkeitsbereiche der Immobilienmakler. Sie müssen sich beispielsweise mit dem wachsenden Interesse an nachhaltigen Immobilien auseinandersetzen. Kunden, sowohl Käufer als auch Mieter, suchen vermehrt nach umweltfreundlichen und energieeffizienten Immobilien. Daher sind Makler gut beraten, in der Zukunft verstärkt diese Angebote in ihr Portfolio mit aufzunehmen. Es lohnt sich außerdem, dass sich Immobilienmakler im Bereich der Energieeffizienz und der nachhaltigen Bauweise weiterbilden und ihr Wissen immer aktuell halten. Sie sollten außerdem den Markt in diesem Bereich immer im Blick haben und über Trends und Änderungen der Angebots- und Nachfragesituation immer auf dem neusten Stand sein.

Immobilienmakler müssen gegenüber ihren Kunden transparente Informationen über ESG-bezogene Aspekte von Immobilien bereitstellen. Dies kann beispielsweise in Form von umweltbezogenen Zertifikaten, aber auch eher unspezifischen Informationen zu sozialen Aspekten wie der Nachbarschaftsqualität der konkreten Governance-Aspekten in Bezug auf die Verwaltung und den Eigentumsverhältnissen.

ESG-Faktoren beeinflussen die Bewertung und die Preisgestaltung von Immobilien. Makler werden häufig sowohl von den Eigentümern als auch von potenziellen Käufern und Immobilieninteressenten damit beauftragt, eine Immobilienbewertung vorzunehmen. Zu den preisbestimmenden Faktoren gehören beispielsweise die Lage des Hauses, die Größe der Wohnfläche und auch eventuelle Sonderausstattungen. Zunehmend müssen sie in diese Bewertung auch ESG-Kriterien einbeziehen, die ebenfalls Einfluss auf den Marktwert nehmen.

Immobilienmakler müssen verstärkt darauf achten, dass sie gesetzliche und ethische Standards einhalten. Dazu gehören unter anderem auch Grundsätze der Gleichbehandlung.

9.2 Einfluss der ESG-Kriterien auf Hausverwaltungen

Die Kriterien rund um die Themen Umwelt, Soziales und Unternehmensführung beeinflussen in gleichem Maße auch die Arbeit von Hausverwaltungen. Wer ein Objekt mit Rücksicht auf die ESG-Kriterien bewirtschaften will, muss es nachhaltig bewirtschaften. Dazu gehört die Nutzung erneuerbarer Energien und Bemühungen, den ökologischen Fußabdruck eines Gebäudes zu verringern. Hausverwaltungen müssen Strategien entwickeln, um die Nachhaltigkeit der von ihnen verwalteten Immobilien zu fördern.

Energieeffizienzmaßnahmen, wie beispielsweise die Installation von Solaranlagen oder energieeffizienten Beleuchtungssystemen senken langfristig die Betriebskosten, was gleichzeitig ein positives Signal für Mieter ist und das Interesse an dem Objekt steigern kann.

Die Berücksichtigung der ESG-Kriterien bedeutet auch, dass Hausverwaltungen auf soziale Aspekte achten müssen. Es ist ihre Aufgabe, das Gemeinschaftswesen zu fördern, indem sie beispielsweise regelmäßig kleine Feste initiieren.

In Zukunft wird es immer wichtiger für Hausverwaltungen, dass sie transparente Informationen über ESG-bezogene Maßnahmen und Leistungen veröffentlichen. Sie sollten möglichst transparente Berichte über den Energieverbrauch oder Energiesparmaßnahmen erstellen und auch ihre sozialen Initiativen publizieren.

Eine nachhaltige und verantwortungsbewusste Bewirtschaftung von Immobilien steigert die Zufriedenheit der Mieter steigern. Sie leben in einem angenehmen Wohnumfeld und zahlen durch die energetischen Maßnahmen auch weniger Miete bzw. Nebenkosten. ESG-bezogene Maßnahmen können außerdem dazu beitragen, den Wert der verwalteten Objekte langfristig zu steigern.

9.3 Einfluss der ESG-Kriterien auf die Investoren

Auch Investoren müssen sich in Zukunft verstärkt an den ESG-Faktoren orientieren und diese in ihre Anlageentscheidungen mit einbeziehen. ESG-Kriterien helfen Investoren bei der Bewertung von Risiken im Zusammenhang mit ihren Anlagen. Sie können dadurch beispielsweise Umweltrisiken (z. B. durch Klimawandel), soziale Risiken (z. B. Arbeitsbedingungen, Gemeinschaftsbeziehungen) und Governance-Risiken (z. B. ethisches Verhalten des Managements) besser bewerten. Auf dieser Basis müssen sie dann bewerten, on und in welcher Form diese Risiken die langfristige Rentabilität beeinflussen könnten.

Investoren, die in nachhaltige und verantwortungsbewusste Unternehmen investieren, können potenziell bessere Renditen erzielen und gleichzeitig positive Auswirkungen auf die Gesellschaft und die Umwelt fördern. Viele Anleger, insbesondere institutionelle Investoren, legen großen Wert auf ESG-Kriterien und bevorzugen nachhaltige Anlagen. Das zeigt sich beispielsweise auch in der steigenden Nachfrage nach nachhaltigen Anlagestrategien und ESG-Fonds.

Auch die Anleger selbst profitieren von ihrem Interesse an nachhaltigen Immobilienprojekten. Sie stärken damit ihr eigenes Ansehen und ihre Reputation, was manchmal die Schwelle für Verhandlungen verkleinert.

Investoren haben in aller Regel ein Interesse daran, den Wert ihrer Anlagen langfristig zu erhalten. ESG-Kriterien leisten einen wichtigen Beitrag zur langfristigen Nachhaltigkeit und Stabilität in ihren Portfolios. Schlussendlich nutzen Investoren ESG-Kriterien zur Diversifikation ihrer Portfolios. Sie investieren in verschiedene Branchen und Regionen, um sie ihr Risiko besser zu streuen.

Ihr Transfer in die Praxis
- Die Nachfrage nach umweltfreundlichen und energieeffizienten Immobilien steigt
- Makler müssen bei der Immobilienvergabe vermehrt auf Gleichbehandlung achten

- Hausverwaltungen müssen zukünftig verstärkt auf Energieeffizienzmaßnahmen achten
- Investoren müssen zukünftig noch stärker die ESG-Kriterien in ihren Finanzentscheidungen berücksichtigen

10

Immobilienfinanzierung

> **Was Sie aus diesem Kapitel mitnehmen**
> - Welchen Einfluss ESG auf die Immobilienfinanzierung hat
> - Was die ESG-Kriterien in Bezug auf die Kreditkonditionen bedeuten
> - Was grüne Anleihen im Immobiliensektor sind
> - Ob Klima-Kriterien den Verlust von Vermögenswerten begünstigen
> - Wie sich ESG in der Immobilienbranche profitabel gestalten lässt

Der ESG-Ansatz durchdringt mittlerweile sämtliche Bereiche im gesamten Lebenszyklus einer Immobilie – von der ersten Projektierung, über die Finanzierung bis hin zum Bau und der anschließenden Bewirtschaftung. ESG-Konformität betrifft insbesondere im Finanzierungssektor alle Assetklassen und wird über die gesamte Wertschöpfungskette hinweg betrachtet. Man kann sogar so weit gehen, dass eine Immobilienfinanzierung unter Ausschluss der ESG-Kriterien heute kaum noch möglich erscheint.

10.1 Wie wirken sich ESG-Kriterien auf die Immobilienfinanzierung aus?

Ein Aspekt bleibt bei der Immobilienfinanzierung immer konstant: Banken prüfen vor einer Kreditentscheidung immer, ob beispielsweise die erzielbaren Mieteinnahmen ausreichen, um sowohl die Zinsen als auch die Tilgung über die gesamte Laufzeit zu decken. Dies schließt auch die Betrachtung der CO_2-Emissionen ein. Wenn ein Gebäude weitgehend saniert ist, muss der Mieter einen entsprechenden Anteil der Kosten tragen, andernfalls bleibt die finanzielle Belastung beim Vermieter.

Seit November 2020 ist das Gebäudeenergiegesetz in Kraft, das ab 2024 noch strengere Anforderungen an den energetischen Zustand des Gebäudes stellt. Selbst in seiner aktuellen Form erfordert es beispielsweise von einem neuen Eigentümer einer Wohnimmobilie, innerhalb von zwei Jahren eine 30 Jahre alte Gas- oder Ölheizung zu ersetzen und die Dämmung der obersten Geschossdecke zu verbessern.

Wenn jemand heute beispielsweise einen Kredit für den Kauf eines sanierungsbedürftigen Gebäudes beantragt, dann muss der Antragsteller einen Plan für die Sanierung vorlegen. Oftmals ist es in diesem Zusammenhang dann auch erforderlich, zusätzliches Kapital aufzunehmen, um Maßnahmen wie den Austausch der Heizungsanlage oder die Dämmung des Gebäudes durchzuführen, an die ein Kredit gebunden sein kann. Nur so kann die Werthaltigkeit des Objekts gewährleistet bleiben. Der ESG-Status beeinflusst maßgeblich den Marktwert.

Gegenwärtig können die ESG-Kriterien noch nicht im Detail als Kreditkondition festgelegt werden, jedoch ist dies vermutlich nur noch eine Frage der Zeit. In Zukunft Kreditnehmer sich auf diese Gleichung einstellen müssen: Je weniger nachhaltig eine Immobilie ist, desto anspruchsvoller gestaltet sich perspektivisch auch ihre Finanzierung.

10.1.1 Einfluss von ESG auf die Kreditkonditionen

Die ESG-Faktoren werden sich perspektivisch auf die Risikoeinschätzung und die Kreditkonditionen auswirken. Das bedeutet, dass nachhaltige Objekte bessere Kreditkonditionen von den Banken erhalten als solche, die die Anforderungen an die Nachhaltigkeit nicht erfüllen. Diese Einflüsse erstrecken sich über die gesamte Laufzeit des Kredits. Für neue Antragsteller werden die Vergabekriterien angepasst werden. Eine Herausforderung entsteht für Banken dahingehend, dass Bestandskunden ein neues Rendite-Risiko-Profil vorweisen müssen und die Bank selbst ein neues Umweltrating entwickeln muss.

Zukünftig wird es spezielle Kreditvergabeoptionen für Investitionen in umweltfreundliche Technologien und Gebäude geben. Die Bedeutung grüner Zertifikate nimmt zu und diese müssen den neuen Vorschriften entsprechen. Mieter, institutionelle Investoren und Ratingagenturen verlangen mittlerweile vermehrt nach grünen Zertifikaten. Viele Banken haben bereits Teams gebildet, um die Umsetzung der Richtlinien voranzutreiben. Sie arbeiten an der Festlegung von grünen Kriterien, erweitern ihre bestehenden Ratingsysteme, identifizieren vergleichbare Immobilien als Referenzpunkte und überarbeiten ihre bestehenden Portfolios.

Banken sind derzeit nicht nur mit der Umsetzung neuer Nachhaltigkeitsvorschriften beschäftigt, sondern auch mit der Entwicklung neuer Produkte wie subventionierter Transformationskredite für Gebäudesanierungen im Kontext der ESG-Kriterien. In dieser Phase des Wandels ist es ratsam, dass Unternehmen einen Berater konsultieren, der laufend in Kontakt mit verschiedenen Banken steht, um zu erfahren, wo diese in ihrem Prozess stehen, welche Dokumente sie benötigen und welche neuen Produkte sie anbieten.

10.2 Was sind grüne Anleihen im Immobiliensektor?

Wer in grüne Anleihen – auch Green Bonds genannt – investiert, der platziert sein Kapital in Projekte, die die Umwelt und das Klima schützen oder entlasten. Beispiele für solche Projekte sind Maßnahmen zur Erreichung von Klimaneutralität, die Förderung der Elektromobilität, die Entwicklung energieeffizienter Technologien oder die Reduzierung von Abfall. In den letzten zwei Jahren hat die Nachfrage nach nachhaltigen

Anleihen erheblich zugenommen und entsprechend hat sich das Angebot ebenfalls erweitert. Neben Staaten bieten mittlerweile auch Banken und Unternehmen Green Bonds an. Es gibt verschiedene etablierte Standards für Green Bonds, die jeweils unterschiedliche Kriterien festlegen, die eine Anleihe erfüllen muss, um als Green Bond zu gelten. Ein bekanntes Beispiel sind die „ICMA Green Bond Principles".

10.2.1 Die ICMA Green Bond Principles als ein Standard für die Definition grüner Anleihen

Die ICMA Green Bond Principles sind freiwillige Leitlinien und gleichzeitig ein international anerkannter Rahmen, der entwickelt wurde, um die Integrität und die Transparenz von Green Bonds zu fördern. Die Leitlinien wurden von der International Capital Market Association (ICMA) erstellt, einer führenden Organisation im Bereich der internationalen Kapitalmärkte.

Die ICMA Green Bond Principles legen fest, welche Anforderungen und Empfehlungen für Emittenten von Green Bonds gelten, um eine gewisse Sicherheit dafür zu bekommen, dass diese Anleihen tatsächlich zur Finanzierung von umweltfreundlichen und nachhaltigen Projekten verwendet werden. Die Green Bond Principles werden durch vier Hauptanliegen definiert:

1. Verwendungszweck
Die Green Bond Principles legen fest, dass die Erlöse aus Green Bonds ausschließlich für Projekte verwendet werden sollen, die nachweislich positive Umweltauswirkungen haben.

2. Prozess und Transparenz
Die Emittenten von Green Bonds werden aufgefordert, transparent über den Auswahlprozess, die Bewertungskriterien und die Berichterstattung hinsichtlich der Projekte, die von den Erlösen finanziert werden, zu informieren. Dadurch wird gewährleistet, dass Investoren und andere Interessengruppen Klarheit über die Verwendung der Mittel bekommen.

3. Kategorisierung und Evaluierung

Die Green Bond Principles empfehlen die Verwendung objektiver und standardisierter Kategorien, um die Umweltauswirkungen der finanzierten Projekte zu bewerten. Dadurch entsteht eine Vergleichbarkeit zwischen verschiedenen Green Bonds und erhöht die Glaubwürdigkeit des Marktes.

4. Berichterstattung

Emittenten werden dazu ermutigt, regelmäßig über die Fortschritte und Ergebnisse der mit den Green Bonds finanzierten Projekte zu berichten. So werden Anleger regelmäßig über die Auswirkungen der Anleihen informiert.

Die Green Bond Principles sind ein wichtiger Schritt, um Vertrauen und Transparenz in den Markt für grüne Anleihen zu bringen. Sie bieten Anlegern, Emittenten und anderen Stakeholdern eine klare Grundlage, um die Nachhaltigkeit und den Umweltnutzen von Green Bonds zu bewerten. Da Green Bonds eine wichtige Rolle in der Förderung von Umwelt- und Klimaschutzprojekten spielen, tragen die Green Bond Principles dazu bei, diese Anleihen effektiver und glaubwürdiger zu gestalten.

10.2.2 So beeinflussen grüne Anleihen den Immobiliensektor

Grüne Anleihen nehmen in mehrfacher Hinsicht einen signifikanten Einfluss auf den Immobiliensektor. Grüne Anleihen bieten eine attraktive Finanzierungsmöglichkeit für nachhaltige Immobilienprojekte, die umweltfreundlich und energieeffizient sind. Sie können den Bau oder auch die Renovierung von grünen Gebäuden fördern, die einen geringeren Energieverbrauch und auch einen niedrigen CO_2-Ausstoß haben. Zudem können Grüne Anleihen zu günstigeren Konditionen emittiert werden, da sie oft auf ein spezifisches nachhaltiges Projekt ausgerichtet sind. Für Immobilienentwickler und Immobilieneigentümer ist dies besonders attraktiv, da sie Kapital zu niedrigeren Zinsen aufnehmen können.

Immobilienprojekte, die durch grüne Anleihen finanziert werden, können aufgrund ihrer nachhaltigen Merkmale und der niedrigeren Umweltauswirkungen eine bessere Marktpositionierung und höhere Marktwerte erzielen. Grüne Anleihen können den Immobiliensektor in Richtung Nachhaltigkeit lenken, umweltfreundliche Entwicklungen fördern und die Finanzierung von Projekten erleichtern, die auf die Reduzierung von Umweltauswirkungen abzielen. Dies trägt dazu bei, die Umweltverträglichkeit des Immobiliensektors zu erhöhen und auf langfristige ökologische und soziale Nachhaltigkeit hinzuarbeiten.

10.3 Wirken sich die Klima-Kriterien negativ auf die Vermögenswerte aus?

Es gibt zunehmend einen anerkannten Zusammenhang zwischen ESG-Anforderungen und dem Risikoprofil von Immobilienvermögen. Der Internationale Ausschuss für Klimaänderungen (IPCC) betonte in seinem Synthesis-Report (IPCC 2023), dass das Risiko von gestrandeten Vermögenswerten durch die zunehmende Bedeutung der ESG-Kriterien erhöht ist. Das gilt vor allem dann, wenn die Maßnahmen nur sehr kurzfristig gedacht sind und nur darauf abzielen, Normen und Vorgaben zu erfüllen. Der Begriff der „gestrandete Vermögenswerte" wird oft in diesem Zusammenhang verwendet und beschreibt Prozesse, bei denen Vermögenswerte durch unvorhergesehene Ereignisse wie vorzeitige Abschreibungen abgewertet werden. Strandungsrisiken hängen dem Bericht zufolge auch oft mit dem Klima zusammen oder regulatorischen Änderungen, die sich auf die Einhaltung von Umwelt- und Klimastandards beziehen.

Eine zentrale Bedrohung stellen Übergangsrisiken dar – sowohl dort, wo der Verlauf der regulatorischen Veränderungen klar ist, aber im besonderen Maße auch da, wo die Details einer bevorstehenden Gesetzesänderung noch unklar bleiben. Der britische Markt ist ein solches Beispiel – die britische Regierung hat festgelegt, dass alle gewerblichen Immobilienvermögen ein Mindestwert-EPC-B-Rating bis 2030 erreichen müssen. Ein erheblicher Prozentsatz der Bürogebäude des Vereinigten Königreichs erfüllt diese Anforderungen aber nicht. Die Festsetzung einer Frist würde die Wirtschaftlichkeit dieser Gebäude gefährden – der betreffende Bürobestand wird unvermietbar.

Auch in der EU steigen die Anforderungen und es werden Reformen geplant, die vielleicht heute noch gar nicht in ihrer Komplexität absehbar sind. Vermögenseigentümer und Investoren müssen also schon heute über Strategien nachdenken, um bestehende Vermögenswerte resistent zu machen gegenüber Veränderungen in der Zukunft.

10.4 Wie lässt sich ESG in der Immobilienbranche profitabel gestalten?

Vor allem für diejenigen, die mit einem Investment in Immobilien Profit generieren wollen, stellt sich die zentrale Frage: Ist ESG nur ein Kostenfaktor oder lassen sich mit der Umsetzung von Maßnahmen zur Verbesserung des ESGF-Scores tatsächlich auch Einnahmen generieren? Es gibt mittlerweile schon erste empirische Belege für die Vorteile von smarten, grünen Gebäuden auch aus profitabler Sicht. Zum Beispiel können grüne Gebäude dazu beitragen, den Wasserverbrauch um bis zu 30 % zu senken. Das geht aus einem Bericht des englischsprachigen Smart Buildings Magazine hervor (Hatcher 2021). Demnach haben smart-green Gebäude einen um 11,8 % höheren Mietwert und einen 35 % höheren Verkaufswert. Das Institut Deloitte Canada aus dem Jahr 2022 zeigt, dass die Erfüllung der ESG-Kriterien tatsächlich messbare Auswirkungen hat (Macagnano und Mahajan 2022). Es wurden insgesamt 250 Immobilienunternehmen untersucht. Für die Jahre 2020 und 2021 wurde eine Steigerung der Rendite und der Immobilienbewertung beobachtet, wenn das Gebäude die ESG-Kriterien erfüllt. Die Studie zeigt aber auch, dass das aktive Engagement der Eigentümer und das Bewusstsein für eine Wertschöpfung aus ESG noch lange nicht überall angekommen ist.

10.5 Gibt es einen ESG-Cashflow?

Damit ein Gebäude ESG-konform gebaut werden kann, sind auf der einen Seite höhere Investitionen erforderlich, denn bereits in der Planungsphase müssen neue Aspekte berücksichtigt werden. Auf der anderen Seite sind grüne Gebäude und nachhaltige Projekte sehr gefragt und erzielen tendenziell auch höhere Immobilienwerte. Auch langfristig gesehen zahlt sich die Investition aus, weil Immobilien, die ESG-Kriterien erfüllen, langfristig mit weniger Ressourcen sehr viel besser funktionieren. Die Frage stellt sich aber, ob die zusätzlichen Investitionen für die ESG-Konformität sich auch langfristig auszahlen können.

Um einen Cashflows für ein Immobilienprojekt zu ermitteln, müssen die Ausgaben berücksichtigt werden, die im Zusammenhang mit dem Erwerb von Immobilieneigentum, der Planung und der Genehmigung, dem Bau und den Betriebskosten entstehen. Dabei muss aber auch das Nachleben der Objekte betrachtet werden. Dazu gehört beispielsweise eine Notwendigkeit zum Abriss und zur Bodensanierung, um die Immobilie (Grundstücke) in den Zustand vor der Entwicklung zu versetzen.

Höhe der Versicherungsgebühren Die Versicherungskosten für eine Immobilie stellen eine weitere Möglichkeit zur Kostensenkung dar. Gebäude, die widerstandsfähiger gegenüber Naturkatastrophen und dem Klimawandel sind, haben ein geringeres Risiko für Sachschäden und Einkommensverluste. Das wird sich auch kostensenkend auf die Versicherungen auswirken.

Einnahmen durch grüne Prämien Durch sogenannte „grüne Anlagen" können Käufer oder Investoren zusätzliches Einkommen für ESG-konforme Immobilien generieren. Außerdem kann ESG als Wettbewerbsvorteil genutzt werden, um speziell die Käufer anzuziehen, die nachhaltig am Immobilienmarkt agieren wollen.

Erhöhte Mieterbindung Die Mieterfluktuation kann in einem gesunden, komfortablen Wohnumfeld signifikant reduziert werden. Mieter sind eher bereit, Mietverträge zu verlängern, wenn sie mit den Lebens- und Arbeitsbedingungen rundherum zufrieden sind.

Finanzielle Anreize durch EU-Fonds Finanzielle Anreize von EU-Fonds und der Regierungen für die Umsetzung von Nachhaltigkeitsmaßnahmen müssen ebenfalls in die Betrachtung des Cashflows mit einbezogen werden. Dazu gehören beispielsweise Steuergutschriften oder Subventionen. Schließlich können Darlehensgeber niedrigere Zinssätze oder Vorzugsbedingungen für nachhaltige Projekte anbieten und sogar Kapital aktivieren, das, ohne ausreichende Offenlegung der ESG-Auswirkungen niemals Immobilienvermögen als Anlageklasse in Betracht ziehen würden.

Investitionen vs. Ausgaben Es können jedoch zusätzliche Kosten dafür anfallen, um Zertifizierungen zu bekommen oder die Einhaltung der Nachhaltigkeitsstandards zu dokumentieren. Dadurch können sich die Kosten der Finanzierung erhöhen. Insgesamt werden die erhöhten Ausgaben, die in der Planungs- und Bauphase anfallen, durch die geringeren Betriebskosten während des Betriebs der Immobilie gedeckt werden können. Insgesamt entsteht nach Angaben von Deloitte sogar ein höherer Cashflow (Deloitte 2023).

Verbessertes Markenimage Unternehmen der Immobilienwirtschaft, die das Thema Nachhaltigkeit mit Priorität verfolgen, profitieren langfristig von einem besseren Markenimage. Sie ziehen mit ihrem „grünen Ruf" perspektivisch umweltbewusste Kunden, Investoren und Mitarbeiter an. Das Portfolio eines nachhaltig agierenden Immobilienunternehmens schafft ein positives Markenimage, was langfristig den Firmenwert erhöhen kann und damit auch den direkten Wert des Projektes. Es entstehen mit dieser Betrachtung sogar reale Vermögenswerte durch ESG.

Höherer Wiederverkaufswert Perspektivisch erzielen Immobilien, die ESG-konform gebaut und vermarktet werden, einen höheren Wiederverkaufswert. Dabei muss auch berücksichtigt werden, dass ESG-Immobilien durchschnittlich eine höhere Lebensdauer erzielen können, da sie beispielsweise widerstandsfähiger gegenüber Umwelteinflüssen sind,

Auch wenn es aufgrund der Aktualität noch keine langfristigen Studien, Daten, Zahlen und Fakten zum Cashflow von Immobilien gibt, ist zu erwarten, dass sich die anfänglichen Investitionen in die Nachhaltigkeit langfristig auszahlen werden.

> **Ihr Transfer in die Praxis**
> - ESG-Konformität muss bei Finanzentscheidungen über die gesamte Wertschöpfungskette hinweg betrachtet werden
> - Nachhaltige Objekte bekommen perspektivisch bessere Konditionen bei der Finanzierung
> - Grüne Anleihen werden als Investitionen in nachhaltige Immobilien immer relevanter
> - Investitionen in Nachhaltigkeit müssen langfristig gedacht werden, damit sie sich rentieren
> - Smarte Gebäude können durch einen gesparten Wasser- und Energieverbrauch langfristig profitabel sein

Literatur

IPCC (2023) Sections. In: Climate Change 2023: Synthesis Report. Contribution of Working Groups I, II and III to the Sixth Assessment Report of the Intergovernmental Panel on Climate Change [Core Writing Team, H. Lee and J. Romero (eds.)]. IPCC, Geneva, Switzerland, pp. 35–115, https://doi.org/10.59327/IPCC/AR6-9789291691647. Zugriff: 12.01.2024

Hatcher J (2021) Financing smart buildings – delivering value in the "new normal" (22. Juni 2021) Smart Buildings Magazine. https://smartbuildingsmagazine.com/features/financing-smart-buildings-delivering-value-in-the-new-normal. Zugriff: 12.01.2024

Macagnano M, Mahajan S (2022) "The future of sustainable real estate is smart: How to convert decarbonization and net-zero challenges into new and profitable opportunities" Deloitte Canada. https://www2.deloitte.com/content/dam/Deloitte/ca/Documents/financial-services/ca-the-future-of-sustainable-real-estate-is-smart-en-aoda.pdf. Zugriff: 12.01.2024

Deloitte (2023) ESG real estate insights Global perspectives on sustainability and climate. The sustainable (project) cashflow (31. Mai 2024). https://www.deloitte.com/global/en/Industries/financial-services/perspectives/esg-real-estate-insights.html. Zugriff: 12.01.2024

11
Softwarebasiertes ESG-Reporting zur Abwägung von Chancen und Risiken

> **Was Sie aus diesem Kapitel mitnehmen**
> - Welchen Vorteil eine softwarebasiertes ESG-Reporting hat
> - Welche Funktionen eine ESG-Reporting-Software besitzt
> - Welche Vorgänge eine Nachhaltigkeitssoftware im Unternehmen unterstützt
> - Wie Unternehmen von einer ESG-Plattform profitieren können

Die Erfassung der ESG-relevanten Daten ist komplex auf aufwändig. Vereinfachen lässt sich dieser Prozess mit dem Einsatz einer spezifischen ESG-Software, den gesamten Ablauf der Datenerhebung, der Datenzusammenführung und der Datenanalyse im ESG-Kontext erleichtert. Mittlerweile gibt es hier schon zahlreiche Lösungen auf dem Markt, die aufgrund einer strukturierten Datensammlung Entscheidungsprozesse in Unternehmen signifikant erleichtern.

11.1 Welche Funktionen hat eine ESG-Software mit?

Viele Unternehmen aus der Immobilienbranche sind dazu verpflichtet, ESG-Standards umzusetzen, und dieser Trend nimmt weiter zu. Für viele Firmen bedeutet dies eine erhebliche administrative Herausforderung, auf die sie noch gar nicht eingestellt sind. Eine Lösung sind ESG-Plattformen und der Einsatz von ESG-Software. Diese Tools unterstützen Unternehmen dabei, ihre Verpflichtungen und Ziele in Bezug auf die Nachhaltigkeit, ihre ethischen Geschäftspraktiken und die Berücksichtigung sozialer Gerechtigkeit zu erfüllen. Sie stellen Daten bereit, mit denen Unternehmen die Einhaltung dieser Vorschriften dokumentieren können. **Diese grundlegenden Funktionen sind bei der Auswahl der ESG-Software wichtig:**

1. Datenerfassung und -analyse sowie Zentralisierung
Die ESG-Software sammelt und analysiert automatisch Leistungsdaten in den Bereichen Umwelt, Soziales und Unternehmensführung, um Verbesserungspotenziale aufzudecken.

2. Training und Weiterentwicklung
Besonders zu Beginn ist die Software eine wichtige Ressource, um eine Struktur in den Umgang mit den neuen Anforderungen zu bringen. Viele Plattformen bieten intelligente Hilfeassistenten an, um das Know-how bei der Nutzung der Tools an die Nutzer weiterzugeben.

3. ESG-Berichterstattung
Die ESG-Plattform ermöglicht die Erstellung von Berichten über die ESG-Leistung des Unternehmens, die für die Dokumentation von Vorschriften, die Einbindung von Stakeholdern und die interne Entscheidungsfindung genutzt werden können.

4. Risikobewertung und Risikomanagement
Die ESG-Software hilft Unternehmen dabei, potenzielle Risiken wie Schwachstellen in der Lieferkette oder klimatische und soziale Risiken, die der Erfüllung der ESG-Kriterien entgegenstehen, zu identifizieren und zu beseitigen.

5. Zielverfolgung
Damit die ESG-Ziele umgesetzt werden können, gibt die ESG-Plattform einen transparenten Einblick in den aktuellen Status quo des Unternehmens hinsichtlich. Per Klick erkennen die Unternehmen, welche Kriterien bereits erfolgreich umgesetzt wurden und wo es Potenziale gibt.

6. Einbindung aller Beteiligten
Die ESG-Software ermöglicht den Unternehmen einen schnellen Austausch mit Stakeholdern wie Investoren, Kunden und der Belegschaft über die ESG-Aspekte. Das schafft Transparenz in Bezug auf die Umsetzung von ESG-Maßnahmen.

Wer nach einer praktikablen Lösung für eine ESG-Software sucht, sollte einen Kriterien- und Fragenkatalog erstellen und darin die Erwartungen an die Plattform aufnehmen, für ESG-Software und potenzielle Anbieter zu erstellen.

11.1.1 Diese Vorgänge unterstützt eine Nachhaltigkeitssoftware in Unternehmen

Welche Nachhaltigkeitsmanagement-Software für das eigene Unternehmen geeignet ist, hängt maßgeblich davon ab, welche Funktionen sie bereitstellen kann. Die ESG-Reporting-Software erfüllt nicht nur einen Selbstzweck, sondern muss schlussendlich in eine umfassende, unternehmensweite ESG-Strategie eingebettet werden. So wird sie zu einem wichtige technologischen Bestandteil eines umfassenden Nachhaltigkeitsmanagements. Die eingesetzte Software sollte eine Reihe von Prozessen im Unternehmen unterstützen.

ESG-Strategie und integriertes Nachhaltigkeitsmanagement Die ESG-Reporting-Software muss einen ganzheitlichen Blick auf das Unternehmen werfen. Die Flexibilität ist dabei eine zentrale technologische Anforderung.

Alle Standorte und Produktionsanlagen im Blick Die Software sollte ESG-relevante Daten aller Standorte und Produktionsanlagen erfassen können, um eine interne Transparenz mit hoher Granularität zu gewährleisten und die Nachhaltigkeit kontinuierlich zu verbessern.

Verbräuche möglichst konkret erfassen Eine detaillierte Erfassung von Verbräuchen, sei es Strom, Gas, Wasser oder CO_2-Ausstoß, ist eine wichtige Anforderung an die Software. Die ESG-Reporting-Software sollte relevante Verbrauchs-Kennzahlen individuell definieren und auf Knopfdruck abrufen können.

Nachhaltigkeitssoftware wirkt auch nach innen Die ESG-Reporting-Software sollte nicht nur für die Einhaltung der regulatorischen und gesetzlichen Berichtspflichten eingesetzt werden, sondern auch nach innen wirken. Sie sollte durch die konkrete Datenerfassung und transparente Analyse bei jedem Stakeholder ein Bewusstsein dafür schaffen, wie wichtig der eigene Beitrag zur Unterstützung der Nachhaltigkeit ist.

Eine aussagekräftige Visualisierung Die erfassten Daten sollten nicht nur in Form langer Excel-Tabellen ausgegeben werden, sondern auch als schnell erfassbare Visualisierung.

Aktualität in Bezug auf die Gesetze und Pflichten Die ESG-Reporting-Software muss immer auf dem aktuellen Stand in Bezug auf die Gesetze und Regulierungen sein. Im besten Fall lässt sie sich an Rechtsdatenbanken anbinden.

11.1.2 Welche wichtigen Eigenschaften muss eine ESG-Software mitbringen?

Die Auswahl der passenden ESG-Software ermöglicht Unternehmen in der Immobilienbranche eine effizientere Verwaltung von ESG-Daten im Management. Solche Lösungen versetzen die betreffenden Immobilienunternehmen in die Lage, ESG-Daten zu erfassen, Modelle zu erstellen,

Berechnungen durchzuführen und auf Knopfdruck aussagekräftige Visualisierungen zu generieren. Geeignete Tools weisen folgende Merkmale auf:

- Transparenz: Die ESG-Software ist mit anerkannten wissenschaftlichen Quellen verbunden, ermöglicht eine interdisziplinäre Zusammenarbeit und präsentiert Ergebnisse leicht verständlich.
- Skalierbarkeit: Die ESG-Lösung integriert sich nahtlos in bestehende Strukturen und passt sich dem Unternehmenswachstum an, beispielsweise durch die Anpassung an zusätzliche Standorte.
- Zukunftsfähigkeit: Das System erfasst ESG-KPIs und kann problemlos auf zukünftige Berichtsstandards erweitert werden, wie beispielsweise ESRS.

Ein Beispiel für eine ESG-Software, die all diese Kriterien erfüllt, stammt vom Münchner Start-up ConClimate GmbH. Das Team des Anbieters stellt nicht nur die Technologie bereit, sondern unterstützt Unternehmen auch bei der Einführung der Software – von der Festlegung der Regeln über die Auswahl anzuwendender Normen bis hin zur Implementierung der Governance-Prozesse.

11.2 So können Unternehmen von einer ESG-Plattform profitieren

Die Nutzung einer einer ESG-Berichtssoftware ist trotz des zusätzlichen Kostenfaktors mit zahlreichen Vorteilen für Unternehmen verbunden. Eine ESG-Software trägt maßgeblich zur Effizienzsteigerung bei. Sie automatisiert den Prozess der Datenerfassung, der Analyse und der Berichterstattung, sodass an dieser Stelle sehr viel Zeit gespart werden kann. Die Software ermöglicht die zentrale Speicherung und Verwaltung von ESG-relevanten Daten, sodass die Informationsverarbeitung insgesamt verbessert werden kann.

Die ESG-Berichtssoftware bietet Mechanismen zur Validierung und Prüfung der erfassten Daten an, sodass sich die Unternehmen auf die

Genauigkeit und die Qualität der Informationen verlassen kann. Menschliche Fehlerquellen werden verhindert und die ESG-Berichtserstattung gewinnt an Professionalität und an Zuverlässigkeit.

Die Software unterstützt Unternehmen bei der Einhaltung der sich ständig ändernden ESG-Regulierungen und Standards. Mit jedem Update kann sie automatisch wieder auf den neusten Stand gebracht werden. Unternehmen, die diese Lösungen im Einsatz haben, werden bei der Identifikation von Risiken unterstützt und bekommen Instrumente an die Hand, wie sie proaktiv darauf reagieren können.

Durch aussagekräftige ESG-Berichte können Unternehmen transparent mit verschiedenen Stakeholdern kommunizieren, darunter Investoren, Kunden und Mitarbeiter. Die Software ermöglicht einen effizienten Austausch von ESG-relevanten Informationen mit internen und externen Partnern.

Durch die transparenten Einblicke, die Unternehmen durch die ESG-Software bekommen, können sie viel besser strategische Entscheidungen treffen. Sie können ihre eigenen Leistungen mit Branchenstandards vergleichen. Per Klick auf die Datenauswertung werden sofort Verbesserungspotenziale in Bezug auf die ESG-Kriterien sichtbar. Sie können ihre ESG-Ziele wesentlich konkreter definieren, gezielt verfolgen und transparent dokumentieren, um ihre Nachhaltigkeitsperformance zu steigern.

Die Nutzung der ESG-Berichtssoftware trägt dazu bei, die Gesamtleistung des Unternehmens in Bezug auf die Nachhaltigkeit, die ethische Geschäftspraktiken und die soziale Verantwortung zu verbessern.

> **Ihr Transfer in die Praxis**
> - ESG-Software ermöglicht eine gesetzeskonforme Dokumentation der Einhaltung aller ESG-Vorschriften
> - ESG Reporting-Software liefert sowohl Daten für externe Partner als auch für die interne Dokumentation
> - Wichtige Eigenschaften der Software-Lösungen sind Transparenz, Skalierbarkeit und Zukunftsfähigkeit der Lösung

12

Technologische Innovationen für nachhaltige Immobilien

> **Was Sie aus diesem Kapitel mitnehmen**
> - Mit welchen Technologien lässt sich die Nachhaltigkeit eines Gebäudes noch weiter verbessern
> - Wie eine nachhaltige Gebäudenutzung unterstützt werden kann
> - Wie die ESG-Faktoren über den gesamten Lebenszyklus des Gebäudes hinweg betrachtet werden können
> - Welche Möglichkeiten es gibt, erneuerbare Energien für den Gebäudebetrieb zu nutzen

Planer, Entwickler und Betreiber von Immobilien sind nicht auf sich allein gestellt, wenn es darum geht, Immobilienprojekte nachhaltig und zukunftssicher, dabei aber gleichzeitig auch wirtschaftlich zu gestalten. Unterstützt werden sie bei diesem Vorhaben durch neuste Technologien, die wir in diesem Kapitel daher noch einmal gesondert betrachten wollen.

12.1 Moderne Technologien für mehr Energieeffizienz in Gebäuden

Hinter dem Begriff der intelligente Gebäudeautomation, häufig auch als Smart Building bezeichnet, steht eine innovative Technologie, mit der der Energieverbrauch in Gebäuden optimiert werden und gleichzeitig der Komfort und die Effizienz verbessert werden kann. Diese Systeme ermöglichen beispielsweise die Steuerung und Überwachung von Beleuchtung, Heizung, Lüftung oder Klimaanlagen im Haus. Was hat dies nun mit den ESG-Kriterien zu tun? Durch die Automatisierung von Systemen und die Anpassung an den tatsächlichen Bedarf wird der Energieverbrauch eines Gebäudes nachhaltig optimiert, was zu einer Reduzierung des ökologischen Fußabdrucks führt.

Die präzise Steuerung von Beleuchtung, Heizung und anderen Gebäudefunktionen trägt außerdem dazu bei, Ressourcen wie Strom und Wasser effizienter zu nutzen. Smart Building Technologien können zu erheblichen Kosteneinsparungen führen, insbesondere durch die Senkung von Energie- und Wartungskosten. Dadurch werden mit Blick auf den Cashflow von ESG-Immobilien wesentlich schneller grüne Zahlen geschrieben.

Ein angenehmes und komfortables Raumklima durch automatisierte Systeme trägt nicht nur zur Zufriedenheit der Mieter einer Immobilie bei, sondern erhöht auch die Wahrscheinlichkeit, dass Gebäude langfristig genutzt und ohne größere Ausfälle vermietet werden können. Durch eine kontinuierliche Überwachung und Analyse sämtlicher Gebäudedaten können Probleme oder ineffiziente Abläufe frühzeitig erkannt werden. Verantwortliche können schneller reagieren, wenn es beispielsweise irgendwo ein Leck in der Heizung gibt. So können einerseits teure Reparaturen vermieden werden und auf der anderen Seite sinkt das Risiko für eine Ressourcenverschwendung.

Diese und viele weitere Auswirkungen von Smart Building Technologien tragen dazu bei, Gebäude ressourceneffizienter, ökologisch verträglicher und wirtschaftlich rentabler zu gestalten. Dadurch werden die „Environment"-Anforderungen schneller erfüllt und das Gebäude wird attraktiver für Nutzer und Investoren.

12.1.1 Diese Möglichkeiten gibt es für eine intelligente Gebäudeautomation

Es gibt heute schon zahlreiche Möglichkeiten, in einem Haus eine intelligente Gebäudeautomation einzurichten, mit der einerseits der Wohn- und Nutzungskomfort erhöht wird und auf der anderen Seite auch die Energiebilanz ein Upgrade bekommt.

Beleuchtungssteuerung
Sensorgesteuerte Beleuchtung
Intelligente Sensoren erfassen die Anwesenheit von Personen in einem Raum und passen die Beleuchtung entsprechend an. Befindet sich gerade niemand im Raum, dann können die Lichter automatisch ausgeschaltet werden. So brennt nicht unnötig Licht, wenn niemand zuhause oder gerade längere Zeit nicht im Rahm ist.

Tageslichtnutzung Das Smart-Home-System berücksichtigt die natürlichen Lichtverhältnisse und passt die künstliche Beleuchtung entsprechend an. Ist es noch hell genug im Raum oder kommt nach einem Regenschauer die Sonne wieder raus, dann schaltet sich das Licht wieder aus. Es wird automatisch weniger Energie verbraucht.

Heizungssteuerung
Programmierbare Thermostate
Intelligente Thermostate ermöglichen es, Heizsysteme basierend auf Zeitplänen oder sogar auf individuellen Präferenzen zu steuern. Die Bewohner eines Hauses können vorab einstellen, wann Sie durchschnittlich zu Hause sind, wann sie ins Bett gehen und in welchen Urlaubszeiten gar nicht oder nur minimal geheizt werden muss. Es wird automatisch weniger Heizenergie verbraucht, weil die Heizung nur dann läuft, wenn Räume tatsächlich genutzt werden.

Zonierung Die Zonierung ermöglicht es, unterschiedliche Bereiche eines Gebäudes unabhängig voneinander zu heizen. Das System kann die Heizung in wenig genutzten Räumen wie dem Schlafzimmer oder einem

Abstellraum reduzieren, während für stark frequentierte Bereiche wie das Wohnzimmer entsprechend mehr Energie aufgewendet wird.

Lüftungssteuerung
Bedarfsgesteuerte Lüftung
Intelligente Systeme passen die Lüftung anhand von Faktoren wie dem CO_2-Gehalt und der Luftfeuchtigkeit an. Dadurch wird in den Räumen eine effiziente Frischluftzufuhr erreicht, ohne dabei aber unnötig Energie zu verbrauchen.

Wärmerückgewinnung Einige Smart-Home-Systeme nutzen Möglichkeiten der Wärmerückgewinnung. Sie können sich damit die Abluftwärme zunutze machen und die von außen eingebrachte Frischluft direkt erwärmen. Dadurch wird der Energiebedarf für die Heizung reduziert.

Klimaanlagensteuerung
Smart Cooling
Intelligente Klimaanlagen passen sich dynamisch an die Raumtemperatur und die Raumnutzung an. In modernen Klimaanlagen sind Sensoren verbaut, die erkennen, ob und an welcher Stelle sich jemand im Raum befindet. Der Luftstrom wird entsprechend so geleitet, dass niemand einer Zugluft ausgesetzt wird. Befindet sich gerade niemand mehr im Raum oder auch außerhalb der Betriebszeiten schaltet sich die Anlage automatisch ab.

Lastspitzenmanagement Systeme können den Energieverbrauch in Zeiten mit einer sehr hohen Nachfrage optimieren, indem sie Klimaanlagen während der Spitzenzeiten gezielt steuern.

Integration und Steuerungszentrale
Gebäudeleitsysteme
Alle diese genannten Komponenten sind oft in ein zentrales Gebäudeleitsystem integriert. Dadurch wird eine ganzheitliche Steuerung und Überwachung aller Gebäudefunktionen ermöglicht.

Automatisierte Regelalgorithmen Die Systeme nutzen fortschrittliche Algorithmen, um Daten zu analysieren und automatisierte Entscheidungen zur Optimierung des Energieverbrauchs zu treffen.

Die Intelligente Gebäudeautomation bietet nicht nur erhebliche Energie-Einsparpotenziale, sondern leistet auch einen wichtigen Beitrag für ein angenehmes Raumklima. Durch die Integration von Sensoren und automatisierten Systemen werden Immobilien nicht nur nachhaltiger, sondern auch intelligenter und zukunftsfähiger. Mit Blick auf die ESG-Kriterien können Betreiber von Immobilien durch die Integration von Smart-Home-Systemen noch effizienter agieren.

12.1.2 IoT-Sensoren und ihr Beitrag zur Nachhaltigkeit

IoT steht als Abkürzung für Internet of Things als Sammelbegriff für Technologien einer globalen Infrastruktur. Dabei sind IoT-Sensoren physische Geräte, die mit dem Internet verbunden sind und Daten über ihre Umgebung sammeln, analysieren und übertragen können. Diese Sensoren können eine Vielzahl von Informationen beispielsweise über Umweltbedingungen bis hin zu den Verhaltensweisen von Nutzern erfassen und auswerten.

Es gibt verschiedene Arten von IoT-Sensoren:

- Umweltsensoren: Messen Parameter wie Temperatur, Luftfeuchtigkeit, Luftqualität und Lichteinfall.
- Präsenzsensoren: Erfassen die Anwesenheit von Personen in einem Raum.
- Energiemesssensoren: Überwachen den Energieverbrauch von Geräten und Systemen.
- Bewegungssensoren: Erkennen Bewegungen und können zur Sicherheit und Energieeffizienz beitragen.
- Wasser- und Feuchtigkeitssensoren: Identifizieren Leckagen oder ungewöhnliche Feuchtigkeitswerte.

IoT-Sensoren ermöglichen eine kontinuierliche Überwachung des Energie- und Wasserverbrauches. Durch die Analyse dieser Daten können die Betreiber von Immobilien effizientere Nutzungsmuster identifizieren und dadurch einer Ressourcenverschwendung, die auf anderem Wege gar nicht aufgedeckt werden könnte, entgegenwirken.

Eine wichtige Aufgabe der Sensoren besteht auch darin, die Anlagen und Geräte in Echtzeit zu überwachen. Eventuelle Probleme und Störungen werden frühzeitig erkannt. Präventive Wartungsmaßnahmen senken das Risiko, dass es zu einem spontanen Ausfall kommt. Außerdem werden langfristig auch die Betriebskosten gesenkt.

Präsenzsensoren helfen bei der Analyse der Raumauslastung und erfassen Bewegungsmuster. Dadurch können Räume effizienter genutzt werden und der Energiebedarf für nicht genutzte Bereiche wird reduziert.

Durch die Überwachung von relevanten Umweltparametern können Gebäudebetreiber gezielt Maßnahmen ergreifen, um den ökologischen Fußabdruck zu minimieren. Sie können beispielsweise den Einsatz von Ressourcen wie Wasser und Energie noch effizienter gestalten.

Die von den IoT-Sensoren gesammelten Daten bieten Entscheidungsträgern wertvolle Einblicke in den Betrieb der Immobilie und den Verbrauch von Ressourcen. Dadurch kann die Bewirtschaftung immer weiter optimiert werden.

12.2 Nutzung erneuerbarer Energiequellen

Es gibt heute schon zahlreiche Möglichkeiten, in einem Gebäude erneuerbare Energiequellen zu nutzen und dadurch die Energieeffizienz und die Energiebilanz entscheidend zu verbessern. Dadurch entstehen auch zahlreiche Randeffekte, wie beispielsweise die Reduktion des CO_2-Ausstoßes, die ebenfalls ihren Beitrag zu einer Verbesserung des ESG-Rankings beitragen.

Durch die drängenden Herausforderungen, die der Klimawandel mit sich bringt, werden konventionelle Energiequellen zunehmend erschöpft. Umso wichtiger wird es, auf erneuerbare Energien umzusteigen, um eine nachhaltige Energiezukunft zu gestalten. Daher ist es auch mit Blick auf die Bedeutung der ESG-Kriterien im Immobiliensektor wichtig, neue

Energiequellen strategisch zu nutzen, um die Energieeffizienz zu steigern und gleichzeitig die negativen Umweltauswirkungen zu reduzieren.

12.2.1 Nachhaltige Nutzung von Solarenergie

Solarenergie lässt sich auf zwei Wegen nutzen. Über Fotovoltaik und die Nutzung von Solarthermie. Die Installation von Fotovoltaikanlagen auf Dächern, Fassaden und Freiflächen schafft die Voraussetzungen für die Umwandlung von Sonnenlicht in elektrische Energie. Darüber hinaus ist es auch möglich, Sonnenenergie für die Erzeugung von Warmwasser oder Heizungsenergie für Gebäude durch die Solarthermie zu nutzen.

Fotovoltaik
Die Installation von Fotovoltaikanlagen auf Dächern, Fassaden und Freiflächen ermöglicht die Umwandlung von Sonnenlicht in elektrische Energie. Wir werden die neuesten Fortschritte in der Fotovoltaiktechnologie beleuchten und diskutieren, wie diese Technologie in verschiedenen Kontexten effektiv eingesetzt werden kann.

Fotovoltaikanlagen (PV) Fotovoltaikmodule können auf den Dächern von Gebäuden installiert werden, um das Sonnenlicht direkt in elektrische Energie umzuwandeln. Diese Installationen sind auch aus wirtschaftlicher Sicht besonders effizient, da sie eine bereits bestehende Gebäudefläche nutzen und den produzierten Strom direkt vor Ort verwenden können. Fotovoltaikanlagen können aber nicht nur auf dem Dach, sondern auch an Fassaden von Gebäuden angebracht werden, wenn beispielsweise die Dachfläche nicht groß genug oder nicht geeignet ist. Das ist vor allem im Städtischen Raum interessant, um vorhandene Flächen maximal auszunutzen.

Integrierte Solardachziegel oder Solardachfenster Es gibt mittlerweile einige innovative Technologien, mit denen eine Integration von Solarzellen direkt in die Dachziegel oder sogar in Fensterscheiben möglich wird. Dadurch können perspektivisch die Solartechnologien wesentlich ästhetischer in das Gebäudedesign integriert werden.

Solarthermie
Warmwasserbereitung

Solarkollektoren werden nicht nur zur Stromgewinnung auf dem Dach installiert, sondern die gewonnene Sonnenenergie kann auch der Erwärmung von Warmwasser dienen. So wird beispielsweise die Heizungsanlage über Solarenergie betrieben.

Heizungsunterstützung Solarenergie kann in Kombination mit anderen regenerativen Energiequellen genutzt werden, indem sie beispielsweise mit Wärmepumpen oder anderen alternativen Heizsystemen kombiniert werden.

Passive Solarnutzung
Architektonisches Design

Gebäude können heute so gestaltet werden, dass sie das Tageslicht optimal nutzen und dadurch die Nutzung von künstlichem Licht erheblich herausgezögert werden kann. Außerdem kann bereits bei der Planung eines Gebäudes darauf geachtet werden, dass der Wärmegewinn durch die Sonneneinstrahlung maximal ausgenutzt wird. Die optimale Platzierung von Fenstern und die Wahl von Baumaterialien mit guten thermischen Eigenschaften kann hier einen wichtigen Beitrag zur Steigerung der Energieeffizienz leisten.

Sonnenkollektoren In einigen Gebäuden werden auch passive Sonnenkollektoren genutzt, um Sonnenenergie zu sammeln und in das Gebäude zu leiten. Das wird durch spezielle Konstruktionen, wie zum Beispiel Wintergärten erreicht.

Solarenergie für Elektromobilität
Ladestationen

Sowohl gewerblich als auch privat genutzte Gebäude können Solarenergie nutzen, um Ladestationen für Elektrofahrzeuge zu betreiben. Sie können damit E-Fahrzeuge nachhaltig mit Energie versorgen und damit auch einen wichtigen Beitrag zur Reduzierung der CO_2-Emissionen leisten.

12 Technologische Innovationen für nachhaltige Immobilien

Energieeffizienzmaßnahmen in Verbindung mit Solarenergie Energiespeicherung

Solarenergie steht immer unmittelbar zur Verfügung, dass heißt, wenn die Sonne scheint. Gerade in Privathaushalten sind die meisten Menschen aber erst in den Abendstunden zu Hause und nutzen dann ihre Elektrogeräte, wenn es draußen schon dunkel ist. Sie müssen dann trotz Solarkollektoren auf dem Dach wieder auf den teuren Netzstrom zurückgreifen. Eine Lösung sind moderne Energiespeicher wie beispielsweise Solarbatterien. Diese machen es möglich, dass der tagsüber in den Sonnenreichen Stunden erzeugte Strom als Überschuss gespeichert wird und bei Bedarf genutzt werden kann.

Smart Home-Technologien Intelligente Gebäudeautomationssysteme können den Energieverbrauch optimieren, indem sie den Energiebedarf basierend auf der verfügbaren Solarenergie anpassen.

12.2.2 Nutzung von Windenergie in Gebäuden

Es gibt heute schon verschiedene Windkrafttechnologien, die in moderne Gebäude integriert werden können. Bevor diese Technologien aber tatsächlich gebaut und genutzt werden können, müssen verschiedene Faktoren sorgfältig gegeneinander abgewogen werden. Dazu gehören vor allem die Standortbedingungen und die Gebäudearchitektur. Vorab sind daher eine umfassende Planung und Analyse wichtig.

Windkraftanlagen auf Gebäudedächern
Dachmontierte Windturbinen
Kleine, leise Windturbinen können auf den Dächern von Gebäuden installiert werden. Diese Turbinen sind unter optimalen Bedingungen in der Lage, einen Teil des Energiebedarfs des Gebäudes zu decken. Dazu müssen aber verschiedene Faktoren wie die Windgeschwindigkeit und die Windrichtung berücksichtigt werden, damit sich die Installation dieser Anlagen am Ende auch lohnt.

Windenergie für die Gebäudeheizung
Windgetriebene Wärmepumpen
　Windenergie kann für den Gebäudebetrieb genutzt werden, um elektrische Wärmepumpen zu betreiben, die wiederum für die Gebäudeheizung genutzt werden. Diese Systeme können in Kombination mit einer effizienten Wärmedämmung die Abhängigkeit von traditionellen Heizquellen signifikant verringern.

Integration von Windkraft in Architektur
Gebäudeform und -design
　Die Architektur von Gebäuden kann so gestaltet werden, dass sie die Windrichtung und die Windgeschwindigkeit optimal nutzen. Ermöglicht wird dies durch spezielle Formen, Windleitsysteme oder Windkanäle in der Gebäudestruktur.

Windfassaden Speziell gestaltete Fassaden können den Wind einfangen und ihn in Turbinen oder andere Windenergiekonverter leiten. So kann die Energieerzeugung auf vertikalen Flächen maximiert werden.

Kombination mit anderen erneuerbaren Energien
Hybridlösungen
　Gebäude können Windenergie in Kombination mit anderen erneuerbaren Energiequellen wie Solarenergie nutzen. Hybridlösungen ermöglichen eine kontinuierliche Energieversorgung, auch wenn die Windbedingungen variabel sind.

Windenergie für Elektromobilität
Ladestationen mit Windenergie
　Windenergie kann auch dafür genutzt werden, um Strom für Elektrofahrzeuge zu generieren. Zum Beispiel ist es möglich, Gebäude mit Ladestationen auszustatten, in denen Windturbinen direkt integriert sind. Dadurch wird auch die nachhaltige Mobilität gefördert.

Energieeffizienzmaßnahmen
Intelligente Steuerungssysteme
　Gebäude können mit intelligenten Steuerungssystemen ausgestattet werden, die die Energieproduktion aus Windturbinen optimieren. Er-

reicht wird dies beispielsweise durch die Anpassung der Turbinenleistung an die aktuelle Windgeschwindigkeit und die Windrichtung.

Energiespeicherung Auch Windenergie kann ebenso wie die Sonnenenergie über spezielle Speicherlösungen vorgehalten werden.

12.2.3 Nutzung von Wasserenergie in Gebäuden

Die Nutzung von fließendem Wasser für die Energieerzeugung hat sich schon lange bewährt. Dabei sind heute nicht mehr nur große Anlagen wie Wasserkraftwerke im Einsatz, sondern auch schon kleinere Systeme, die auch für die Energieversorgung in einzelnen Gebäuden ausgelegt sind.

Mikro-Wasserkraftwerke
Nutzung nahe gelegener Flüsse
Gebäude in der Nähe von fließenden Gewässern können Mikro-Wasserkraftwerke in Form von Wasserturbinen oder Wasserrädern nutzen. Diese Anlagen werden in Flüssen oder Bächen installiert werden, um elektrische Energie zu erzeugen.

Kanalwasserkraftwerke Gebäude, die im Einzugsgebiet von städtischen Kanälen oder Wasserwegen liegen, können Energie aus speziellen Mikro-Wasserkraftwerken nutzen, die in die Kanäle integriert werden.

Gezeitenenergie
Gezeitenkraftwerke
In Gebieten mit starken Gezeitenkräften können Gebäude Gezeitenkraftwerke nutzen, um die Energie aus dem Auf- und Abfließen des Wassers zu gewinnen. Diese Technologie ist jedoch nur in Küstengebieten im Einsatz.

Wellenenergie
Wellenenergieanlagen
Die Nutzung der Wellenenergie ist eine Technologie, die aktuell noch in den Kinderschuhen steckt. Immobilien, die in Küstennähe stehen, sol-

len darüber perspektivisch mit Energie versorgt werden. Wellenenergieanlagen sollen die kinetische Energie der Meereswellen in elektrische Energie umgewandelt werden.

Wasserbewegung in Gebäuden
Wasserpumpen mit Rückgewinnung
Viele moderne Gebäude werden heute mit Wasserversorgungssystemen ausgestattet, die Wasserpumpen mit Rückgewinnungstechnologien verwenden. Diese Technologie nutzt den Druck und die Bewegung des Wassers, um einen Teil der Energie zurückzugewinnen.

Energiegewinnung aus Abwasser
Wärmerückgewinnung aus Abwasser
In einigen Fällen kann die Wärmeenergie aus dem Abwasser genutzt werden, um Gebäude zu heizen oder Warmwasser zu erzeugen. Diese Technologien werden vor allem in städtischen Umgebungen genutzt.

12.2.4 Nutzung von Biomasse für den Gebäudebetrieb

Die Nutzung von Biomasse für die Energiegewinnung in Gebäuden ist eine nachhaltige Alternative zu fossilen Brennstoffen. Biomasse sind organische Materialien aller Art, die entweder aus tierischen oder aus pflanzlichen Quellen stammen und als erneuerbare Energiequelle genutzt werden können. Diese organischen Materialien können in verschiedenen Formen vorliegen, beispielsweise in einem festen, flüssigen oder gasförmigen Zustand. Zu den Hauptquellen für Biomasse gehören Holz und Holzabfälle, Pflanzenmaterialien, landwirtschaftliche Abfälle wie Stroh oder Ernteste und tierische Abfälle.

Biomasseheizungen
Holzöfen und Pelletöfen
Biomasse in Form von Holz kann sehr effizient und umweltschonend in Öfen verbrannt werden, um Wärmeenergie für ein Gebäude zu erzeugen. Für Pelletöfen gibt es speziell gefertigte Holzpellets, die dort verbrannt werden.

12 Technologische Innovationen für nachhaltige Immobilien

Biomassekessel Biomassekessel werden nur in größeren Gebäuden eingesetzt. Sie können mit ganz unterschiedlichen biologischen Brennstoffen betrieben werden, wie beispielsweise Holzchips, Pellets oder landwirtschaftliche Abfälle. Diese Biomaterialien werden in den Öfen verbrannt, um damit Wasser zu erhitzen, das wiederum für die Versorgung der Heizsysteme genutzt wird.

Biogas für Energieerzeugung
Biogasanlagen
Biogas kann aus organischen Abfällen, landwirtschaftlichen Reststoffen oder Gärsubstraten gewonnen werden. In größeren Gebäuden können kleine Biogasanlagen betrieben werden, um Biogas für die Wärme- oder Stromerzeugung zu nutzen.

Biomassekraftwerke
Kleinskalige Biomassekraftwerke
Wenn die Voraussetzungen gegeben sind, dann können in einigen Regionen kleinskalige Biomassekraftwerke errichtet werden, die in der Nähe von Gebäuden stehen. Durch das Verbrennen von Biomasse wie Holz oder Pflanzenreste wird in diesen Anlagen elektrische Energie erzeugt.

Holzhackschnitzel für Energiegewinnung
Heizanlagen mit Holzhackschnitzeln
Sowohl in privaten als auch in gewerblich genutzten Gebäuden können Heizanlagen eingebaut werden, die mit Holzhackschnitzeln befeuert werden, um Wärme für ein Gebäude zu erzeugen. Diese Systeme sind besonders effizient und umweltschonend.

Biomasse-Brennstoffzellen
Biomasse-Brennstoffzellen-Systeme
Brennstoffzellen sind in der Lage Biomasse direkt in elektrische Energie umzuwandeln. Diese Technologie steht noch in den Anfängen, zeigt jedoch vielversprechende Fortschritte für die dezentrale Stromerzeugung.

Energiepflanzen auf Gebäudedächern
Ein weiterer Ansatz ist es, Gründächer auf Gebäuden anzulegen. Als besonders effizient und wirtschaftlich gelten Energiepflanzen wie Miscanthus oder Switchgrass, die dann geerntet und zur Biomasse-Energiegewinnung genutzt werden können.

12.3 Möglichkeiten der Gebäudeisolierung und der Nutzung moderner Baumaterialien

Die Gebäudeisolierung hat einen entscheidenden Einfluss auf die Energieeffizienz von Gebäuden und damit auch auf die Einhaltung der ESG-Kriterien. Sie können mit einer modernen, nachhaltigen und effizienten Isolierung eine Immobilie in Bezug auf ihre Effizienz auf ein neues Level heben. Durch die Installation von Dämmstoffen in Wänden, Böden, Dächern und Fenstern wird der Wärmeverlust im Winter minimiert. Auch im Sommer kann so eine Überhitzung des Gebäudes verhindert werden. Auf lange Sicht müssen die Bewohner und Betreiber des Gebäudes weniger Energie für Heizung und Kühlung aufbringen, um ein angenehmes Raumklima aufrechtzuerhalten. Eine gute Gebäudeisolierung kann dadurch sogar den Wert einer Immobilie steigern und macht sie für potenzielle Käufer oder Mieter interessanter.

12.3.1 Wärmedämmung der Gebäudehülle

Schon in der Planungsphase müssen Überlegungen für eine Wärmedämmung angestrengt werden. Dabei spielen verschiedene Bereiche der Gebäudehülle eine Rolle.

Das Dach
Eine Dachdämmung muss sowohl von innen als auch von außen erfolgen. Standard ist dabei heute eine Zwischensparrendämmung, bei der die Dämmstoffe zwischen den Dachsparren platziert werden. Gängige Mate-

rialien dafür sind Mineralwolle oder Holzfaserplatten. Darauf basierend erfolgt die Aufsparrendämmung. Das Dämmmaterial wird dabei oberhalb der Sparren aufgebracht, sodass eine durchgehende Dämmschicht entsteht. Die Dachdämmung von außen erfolgt meistens durch eine Kaltdachdämmung. Dabei werden die Dämmstoffe auf der Außenseite der Sparren angebracht – oftmals im Zusammenhang mit einer zusätzlichen Dachschalung und einer neuen Dacheindeckung. Wichtig ist in diesem Zusammenhang auch die Anbringung einer Dampfbremse oder Dampfsperre auf der warmen Seite der Dämmung. Diese verhindert, dass Feuchtigkeit in die Dämmung eindringt und deren Funktionalität beeinträchtigt. Auch die Anschlüsse, Durchdringungen und Randbereiche müssen sorgfältig abgedichtet werden, um das Eindringen von Luft und Feuchtigkeit zu verhindern.

Die Fassade
In Bezug auf die Fassadendämmung gibt es heute zwei gängige Möglichkeiten: Die abgehängte, hinterbelüftete Fassade und das Wärmedämmverbundsystem (WDVS). Goldstandard ist heute das WDVS. Dabei handelt es sich um eine Methode der Fassadendämmung, bei der Dämmmaterial (z. B., Polystyrol, Mineralwolle, etc.) direkt auf die Außenseite der Wand aufgebracht wird. Über das Dämmmaterial wird eine Putzschicht aufgetragen. Diese Schicht dient nicht nur als ästhetische Oberfläche, sondern auch als Schutz vor Witterungseinflüssen. Nach dem Auftragen des Putzes kann die Fassade mit einem Farbanstrich oder einem dekorativen Oberflächenfinish versehen werden. Der große Vorteil des Wärmedämmverbundsystems (WDVS) besteht in der effektiven Dämmleistung. Da es eine durchgehende Dämmschicht bildet, werden Wärmebrücken verhindert.

Die Alternative dazu ist die vorgehängte hinterlüftete Fassade (VHF). Sie besteht aus einer hinterlüfteten Luftschicht zwischen der Dämmung und der äußeren Verkleidung. Diese Schicht ermöglicht den Luftaustausch und trägt dazu bei, Feuchtigkeit abzuleiten. Dadurch wird das Risiko von Schimmelbildung und Feuchtigkeitsschäden reduziert.

Der Keller
Schon bei der Auswahl des Baugrundstücks sollten Aspekte wie die Bodenbeschaffenheit und das Grundwasserlevel berücksichtigt werden, um späteren Feuchtigkeitsproblemen vorzubeugen. Verschiedene Dämmmaterialien stehen für die Kellerdämmung zur Verfügung, darunter Extruderschaum, Polyurethanschaum, Mineralwolle oder Holzfaserplatten. Die effektivste Methode ist oft die Perimeterdämmung, bei der Dämmstoffe entlang der Außenkante des Kellers oder der Fundamentwände angebracht werden. Dies kann durch das Einbetten von Dämmplatten in spezielle Hohlräume oder durch das Aufbringen von Dämmmaterial und einer zusätzlichen Abdichtung erfolgen. Eine Dampfsperre ist auch hier wichtig, die auf der warmen Seite der Dämmung platziert wird. Sie soll verhindern, dass Feuchtigkeit in die Dämmung eindringt, um eine Kondensation und in der Folge auch eine Schimmelbildung zu verhindern. Die Bodenplatte des Kellers sollte ebenfalls gedämmt werden, um auch hier Wärmeverluste auf ein Minimum zu reduzieren. Die Dämmung wird direkt unter dem Bodenbelag oder dem Estrich platziert. Sie kann zwischen den Bodenbalken oder auf der gesamten Fläche des Bodens liegen.

Fenster- und Türdämmung
Moderne Fenster- und Türsysteme verwenden Profile aus wärmegedämmten Materialien wie Kunststoff mit thermischer Trennung, Aluminium mit thermischer Unterbrechung oder Holz-Aluminium-Kombinationen. Diese Profile reduzieren mögliche Wärmeverluste durch den Rahmen. Außerdem sind heute Doppelt- oder dreifachverglaste Fenster und Türen Standard in modernen Dämmungsanwendungen. Die Luft- oder Gasfüllung zwischen den Glasscheiben verbessert die thermische Isolierung. Darüber hinaus gibt es neuste Technologien, die weiter an der Reduktion von Energieverlusten über die Hauseingänge arbeiten. Fenster- und Türverglasungen können mit Low-E (niedrige Emissivität) Beschichtungen versehen werden, die die Infrarotstrahlung reflektieren und den Wärmeverlust weiter reduzieren. Der Abstandhalter zwischen den Glasscheiben, auch als Spacer bezeichnet, ist oft mit einem Material mit niedriger Wärmeleitfähigkeit (Warm Edge Spacer) ausgestattet, um Wärmeverluste am Rand des Fensters zu minimieren. Fortschrittliche

Rahmenmaterialien mit verstärkten Profilen und speziellen Hohlräumen sowie hochwertige Dichtungen leisten alle ihren Beitrag zu einer leistungsstarken Fenster- und Türdämmung.

12.3.2 Moderne Baustoffe für mehr Energieeffizienz

Es gibt eine steigende Nachfrage nach nachhaltigen Baumaterialien, die umweltfreundlich und ressourcenschonend sind. Dazu gehören Holz aus nachhaltiger Forstwirtschaft, recycelte Materialien, recycelbares Metall und andere umweltfreundliche Materialien, die für den ESG-konformen Hausbau heute verwendet werden können. Dabei gewinnt Kreuzlagenholz, auch als CLT bekannt, als Baumaterial an Beliebtheit. Es handelt sich dabei um massive Holzplatten, die durch das Kreuzen von Holzlagen miteinander verklebt werden. CLT wird oft für den Bau von tragenden Wänden, Decken und sogar ganzen Gebäuden verwendet.

Die Bauindustrie sucht parallel dazu nach Wegen, den CO_2-Fußabdruck von Beton zu reduzieren, einem der meistverwendeten Baumaterialien weltweit. Forschung und Entwicklung konzentrieren sich auf Betonmischungen mit niedrigem CO_2-Ausstoß und auf Methoden zur Reduzierung des Zementverbrauchs. In diesem Zusammenhang nimmt auch die Verwendung von modularen Bauelementen, wie vorgefertigten Bauteilen und modularen Systemen, zu. Dies ermöglicht schnellere Bauprozesse und reduziert Abfälle.

Smart Materials für den Hausbau
Im Hausbau kommen immer mehr sogenannte „Smart Materials" zum Einsatz. Diese Materialien reagieren auf äußere Einflüsse, wie Temperatur, Licht, Feuchtigkeit oder Druck und können so bestimmte Funktionen automatisiert erfüllen.

Intelligente Fenster Intelligente Fenster können ihre Transparenz oder Tönung je nach Lichteinfall automatisch anpassen. Dies geschieht durch die Integration von elektrochromen oder thermochromen Materialien. Elektrochrome Materialien ändern ihre Lichtdurchlässigkeit in Reaktion auf eine elektrische Spannung. Thermochrome Materialien verändern ihre Farbe oder Lichtdurchlässigkeit aufgrund von Temperaturänderungen.

Selbstheilender Beton Selbstheilender Beton enthält Bakterien oder Mikrokapseln mit Kalkstein. Bei Rissen im Beton werden diese aktiviert, produzieren Kalkstein und füllen so die Risse. Dadurch werden am Gebäude weniger Reparaturen fällig und die Lebensdauer der Gebäude wird auf diese Weise signifikant erhöht.

Formgedächtnislegierungen Diese Legierungen haben die Fähigkeit, nach der Verformung in ihre ursprüngliche Form zurückzukehren. Im Bauwesen können sie beispielsweise für selbstregulierende Jalousien oder adaptive Strukturen verwendet werden. Dadurch wird eine verbesserte Energieeffizienz durch die automatische Anpassung an äußere Bedingungen erzielht.

Fotokatalytische Beschichtungen Fotokatalytische Materialien, wie zum Beispiel Titandioxid, reagieren auf Licht und helfen dabei, Schmutz und Schadstoffe abzubauen. Sie sind oft in Fassadenbeschichtungen für selbstreinigende Oberflächen integriert.

Transparente Solarzellen Transparente Solarzellen sind in der Lage, Sonnenlicht in Strom umzuwandeln, während sie gleichzeitig Licht durchlassen. Sie können beispielsweise in Fenster, Fassaden oder Dächer zur dezentralen Energieerzeugung eingebaut werden.

Thermoelektrische Materialien Thermoelektrische Materialien wandeln Temperaturunterschiede in elektrische Energie um. Im Kontext des Hausbaus könnten sie zur Erzeugung von Strom aus Temperaturunterschieden zwischen Innen- und Außenbereichen genutzt werden. Potenziell wird dadurch auch eine Energiegewinnung aus Abwärme möglich.

Adaptive Dämmstoffe Adaptive Dämmstoffe passen ihre Dämmwirkung an die Umgebungstemperatur an. Bei Kälte werden sie effektiver, bei Wärme durchlässiger.

Aerogel-Dämmstoffe Aerogel ist ein hochporöses Material mit extrem niedriger Dichte, das eine hervorragende Wärmedämmung bietet. Es wird in Form von Matten oder Granulaten in verschiedenen Anwendungen, einschließlich Dach- und Fassadendämmung, eingesetzt.

Vakuumisolationspaneele (VIP) VIPs bestehen aus einem Vakuum in einem dünnen, luftdichten Beutel und bieten eine sehr hohe Wärmedämmleistung. Der große Vorteil besteht in ihrer Dünnwandigkeit, trotz der sie eine hohe Energieeffizienz erreichen.

Cellulose-Dämmstoffe Cellulosefasern aus recyceltem Papier werden als Dämmstoff in Wänden und Dächern verwendet. Sie bieten eine gute Wärmedämmung und sind umweltfreundlich.

Hanf- und Flachs-Dämmstoffe Naturfasern wie Hanf und Flachs werden zu Dämmplatten verarbeitet und können für die Dämmung von Wänden und Dächern verwendet werden.

Phase Change Materials (PCM) PCM speichern und setzen Wärme bei bestimmten Temperaturen frei. Sie werden heute schon in Dämmstoffen verwendet, um den Wärmespeicherungseffekt zu nutzen.

12.3.3 Möglichkeiten der Dachbegrünung für Neubauten und Bestandsgebäude

Die Dachbegrünung ist heute eine nachhaltige und gleichzeitig auch ästhetisch ansprechende Möglichkeit, sowohl Neubauten als auch Bestandsgebäude ökologisch zu gestalten. Es gibt verschiedene Möglichkeiten der Dachbegrünung, die je nach Gebäudetyp und Dachkonstruktion ausgewählt werden können.

Eine Variante ist die extensive Dachbegrünung. Sie besteht aus einer dünnen Substratschicht, die für die Bepflanzung von robusten, pflegeleichten Pflanzen wie Sedum, Gräsern oder Kräutern ausgelegt ist. Diese Schicht ist oft nur wenige Zentimeter dick. Der Vorteil der extensiven Dachbegrünung besteht in dem geringen Pflegeaufwand. Extensive

Dachbegrünungen erfordern wenig Pflege, da die Pflanzen an die Umweltbedingungen angepasst sind. Die geringe Schichtdicke und das geringe Gewicht der Pflanzen machen extensive Dachbegrünungen ideal auch für Dächer, die nur geringen Belastungen standhalten können. Die Vegetation wirkt als zusätzliche Isolationsschicht und leistet damit einen wichtigen Beitrag zur Verbesserung der Wärmedämmung.

Eine intensive Dachbegrünung besteht aus einer tieferen Substratschicht, die den Anbau einer Vielzahl von Pflanzen ermöglicht. Es können auch größerer Sträucher, Bäume und Nutzpflanzen angepflanzt werden. Die Schichtdicke kann mehrere Dezimeter bis zu einem Meter betragen. Intensive Dachbegrünungen ermöglichen eine vielfältigere Bepflanzung, einschließlich blühender Pflanzen. Es entstehen zahlreiche Möglichkeiten, einen grünen und blühenden Dachgarten anzulegen. Durch die größere Schichtdicke des Substrats entsteht eine noch größere Dämmfunktion als bei der extensiven Variante.

Zusätzlich zur Dachfläche kann auch die Fassade für eine Begrünung genutzt werden. Durch das Anlegen von vertikalen Gärten können Pflanzen ab vertikalen Flächen wie der Hauswand kultiviert werden. Ideal ist diese Variante in städtischen Umgebungen, in denen nur wenig Fläche für die Begrünung vorhanden.

Ob intern, extern oder vertikal: Dachbegrünungen bieten entscheidende Vorteile im Hinblick auf die ESG-Konformität eines Gebäudes. Neben der verbesserten Energieeffizient durch die zusätzliche Dämmschicht können Dachbegrünungen auch einen Teil des Regenwassers zurückhalten und so den Abfluss verlangsamen. So reduzieren sich in besonders gefährdeten Regionen die Hochwasserrisiken. Pflanzen auf dem Dach können Luftschadstoffe filtern und die Luftqualität verbessern. Sie bieten einen Lebensraum für Insekten, Vögel und andere Tiere. Außerdem kann die Dachbegrünung die Lebensdauer der Dachabdichtung verlängern, weil sie diese vor der UV-Strahlung und Temperaturschwankungen schützt.

12.3.4 Recycling von Baumaterialien

ESG betrachtet den gesamten Lebenszyklus eines Gebäudes – bis hin zum Rückbau und der Entsorgung bzw. den Wiederverwendungsmöglichkeiten der Baumaterialien. Auch dieser Aspekt – auch wenn er noch Jahrzehnte in der Ferne liegen mag – muss bei der Gebäudeplanung bereits berücksichtigt werden

Eine Möglichkeit zur Verbesserung der ESG-Bilanz ist das Bauschuttrecycling. Bauschutt, der bei Abriss- oder Bauarbeiten entsteht, kann sortiert und recycelt werden. Dazu zählen zahlreiche Baumaterialien wie Beton, Ziegel, Fliesen, Keramik, Natursteine, Glas und Metalle. Diese Materialien werden im Rahmen des Recyclingprozesses zerkleinert, sortiert und gereinigt, um sie für den erneuten Einsatz vorzubereiten.

Auch Baumaterialspenden sind möglich. Dabei werden gebrauchte, aber noch brauchbare Baumaterialien gespendet, um sie in anderen Bauprojekten zu verarbeiten. Auch ein Verkauf in Second-Hand-Baumärkten kann angedacht werden.

12.4 Innovative Wassermanagement-Technologien für ESG-Immobilien

Schon heute spielen verschiedene Wassermanagement-Technologien für Gebäude eine wichtige Rolle bei der effizienten Gebäudenutzung und dem Schutz der Wasserressourcen. Hier sind einige fortschrittliche Wassermanagement-Technologien, die in Gebäuden eingesetzt werden können:

12.4.1 Grauwassernutzung

Die Grauwassernutzung ist in Gebäuden eine nachhaltige Methode, bei der leicht verschmutztes Abwasser aus Haushalten (z. B. aus der Dusche, der Badewanne, Waschbecken und Waschmaschinen) aufbereitet und für bestimmte Zwecke wiederverwendet wird. Im Gegensatz zu Schwarz- oder Frischwasser, das aus Toiletten oder der Küche stammt, ist Grauwasser weniger belastet und kann nach einer angemessenen Aufbereitung genutzt werden. Eine Trinkwasseraufbereitung ist dabei allerdings noch nicht möglich. Die Aufbereitung erfolgt in drei Schritten:

- Siebung und Grobfilterung: Entfernen von Feststoffen und groben Partikeln
- Biologische Reinigung: Bakterien oder Pflanzenfilter können organische Stoffe abbauen
- Desinfektion: Durch UV-Licht, Chlorierung oder andere Desinfektionsmethoden, um pathogene Mikroorganismen unschädlich zu machen.

Es gibt verschiedene Nutzungsmöglichkeiten für Grauwasser im Haushalt. Das aufbereitete Grauwasser kann für die Toilettenspülung verwendet werden. Grauwasser eignet sich ebenso gut für die Bewässerung von Pflanzen, insbesondere im Garten oder auf dem Grundstück oder auch zum Wäschewaschen.

Es stehen zwei verschiedene Systeme für die Sammlung und Aufbereitung von Grauwasser zur Verfügung. Grauwassersammelsysteme sammeln und lagern das Grauwasser, bevor es aufbereitet wird. Die Sammlung erfolgt entweder in Tanks oder Zisternen. Insbesondere größere Gebäudekomplexe setzen auf dezentrale Aufbereitungssysteme, die das Grauwasser direkt vor Ort aufbereiten und dann auch für das Gebäude verwenden.

Für die Grauwassernutzung müssen in der Regel spezielle Genehmigungen eingehalten werden.

12.4.2 Regenwassernutzung

Ebenso wie heute die Sonne oder der Wind als Energiequelle für den Gebäudebetrieb genutzt werden können, ist es möglich, Regenwasser aufzufangen und es zu verwerten. Das Regenwasser wird dabei auf den Dachflächen eines Gebäudes gesammelt und durch Dachrinnen in einen Regenwassertank oder eine Zisterne geleitet. Das gesammelte Regenwasser wird in speziellen Tanks oder Zisternen gespeichert, die entweder oberirdisch oder unterirdisch eingebracht werden. Obwohl Regenwasser in der Regel relativ sauber ist, muss trotzdem eine grundlegende Aufbereitung erfolgen. Dies geschieht durch das Filtern grober Partikel und das Entfernen von Verunreinigungen.

12 Technologische Innovationen für nachhaltige Immobilien

Aufbereitetes Regenwasser kann für die Toilettenspülung verwendet werden, die einen erheblichen Anteil des häuslichen Wasserverbrauchs ausmacht. Auch der Betrieb der Waschmaschine ist mit Regenwasser möglich.

12.4.3 Wassersparende Armaturen und Geräte

Diese innovativen Technologien tragen ebenfalls entscheidend dazu bei, den Wasserverbrauch einer Immobilie zu reduzieren und vorhandene Ressourcen effizient zu nutzen.

In Badezimmern können wassersparende Duschköpfe eingebaut werden, die den Wasserdurchfluss reduzieren, ohne dabei aber den Duschkomfort einzuschränken. Niedrig durchfließende Wasserhähne für Waschbecken und Armaturen mit Sensortechnologie, die den Wasserfluss nur bei Bedarf aktivieren, sind ebenfalls schon gängige Lösungen zur Reduzierung des Wasserverbrauchs im Sanitärbereich. Moderne Toiletten mit Dual-Spülungssystemen erlauben es den Benutzern, die Wassermenge beim Spülvorgang individuell einzustellen.

In Küchen können wassersparende Maßnahmen durch den Einsatz von Niederdruckarmaturen und Geschirrspülern mit einem niedrigen Wasserverbrauch erreicht werden. Armaturen mit integrierten Luftsprudlern mischen Luft mit dem Wasserstrahl. Es entsteht dadurch ein kräftiger Wasserstrahl, obwohl tatsächlich weniger Wasser verbraucht wird. Moderne Geschirrspüler sind so konzipiert, dass sie effizient mit geringen Wassermengen arbeiten und dennoch eine gründliche Reinigung gewährleisten können.

12.4.4 Intelligente Bewässerungssysteme

Intelligente Bewässerungssysteme werden vor allem in landwirtschaftlichen Bereichen sowie im Garten- und Landschaftsbau eingesetzt. Der grundlegende Funktionsmechanismus dieser Systeme basiert auf der Integration von Sensoren, Datenanalyse und automatisierter Steuerung. Sensoren, darunter Bodenfeuchtigkeitssensoren, Wetterstationen und

Lichtsensoren werden strategisch in der Umgebung platziert. Diese Sensoren erfassen kontinuierlich Daten wie den Feuchtigkeitsgehalt des Bodens, die aktuelle Wetterlage und die Lichtverhältnisse. Die gesammelten Informationen werden dann an eine zentrale Steuereinheit oder eine Cloud-Plattform übertragen.

Die Daten werden in Echtzeit analysiert, wobei Algorithmen und KI-Modelle den optimalen Bewässerungsbedarf bestimmen. Diese Berechnungen berücksichtigen verschiedene Faktoren, einschließlich der Bodenart, des Pflanzentyps, des Wachstumsstadiums und der lokalen klimatischen Bedingungen.

Auf Grundlage dieser Analyse erfolgt die automatische Anpassung der Bewässerung. Das intelligente System steuert dabei die Bewässerungsparameter, wie Häufigkeit, Dauer und Intensität. Das Ziel dieser intelligenten Bewässerungssysteme besteht darin, Wasser nur in der tatsächlich benötigten Menge zu verwenden.

Die kontinuierliche Datenerfassung ermöglicht auch die Speicherung historischer Daten. Diese können dann wiederum genutzt werden, um die Algorithmen im Laufe der Zeit zu trainieren und zu optimieren. Auf diese Weise sind intelligente Bewässerungssysteme selbstlernend und passen sich kontinuierlich an die örtlichen Gegebenheiten an.

12.4.5 Wasserlecksensoren

Entsteht in einer Wasserleitung ein kleines Leck, dann kann sehr viel Wasser verloren gehen, bevor dieses Leck bemerkt wird. Hinzu kommen unentdeckte Feuchtigkeitsschäden, die schwere Schäden an der Bausubstanz verursachen können. Wasserlecksensoren sind Geräte, die darauf ausgelegt sind, frühzeitig auf unerwünschte Wasseraustritte in Gebäuden zu reagieren. Benutzer sollen frühzeitig über das Auftreten von Feuchtigkeit oder Wasser informiert werden.

Es gibt verschiedene Arten von Wasserlecksensoren. Leitfähigkeitssensoren erkennen Wasser durch den elektrischen Widerstand. Wenn Wasser in Kontakt mit den Elektroden des Sensors kommt, verringert sich der Widerstand und der Sensor erkennt das Leck. Feuchtigkeitssensoren reagieren dagegen auf die Feuchtigkeit in der Umgebung und lösen einen Alarm aus, wenn eine bestimmte Feuchtigkeitsstufe erreicht wird. Daneben existieren auch noch saugbasierte Sensoren. Sie verwenden saugfähige Materialien, die auf Wasser reagieren und einen Alarm auslösen, wenn sie Wasser absorbieren. Mit dieser modernen Sensortechnik kann einerseits Wasserverschwendung vermieden und auf der anderen Seite ein besonderer Schutz vor Wasserschäden erreicht werden.

12.4.6 Wasserfilter und Entkalkungssysteme

Wasserfilter und Entkalkungssysteme spielen in ESG-konformen Gebäuden eine wichtige Rolle, um die Nachhaltigkeit der Wassernutzung zu verbessern und Umweltauswirkungen der Immobilie zu reduzieren.

Wasserfilter können Verunreinigungen und unerwünschte chemische Substanzen aus dem Leitungswasser entfernen. Es gibt verschiedene Arten von Wasserfiltern:

- Mechanische Filter: Entfernen größere Partikel und Feststoffe.
- Aktivkohlefilter: Reduzieren Chlor, organische Verbindungen und unangenehme Geschmacks- und Geruchsstoffe.
- Umkehrosmosefilter: Eliminieren viele Verunreinigungen, einschließlich Schwermetalle und bestimmte Chemikalien

Entkalkungssysteme reduzieren den Kalkgehalt im Wasser. Diese Systeme tragen nicht nur zur Verbesserung der Wasserqualität bei, sondern verlängern auch die Lebensdauer von Rohrleitungen und Haushaltsgeräten wie der Waschmaschine oder dem Geschirrspüler. Systeme zur Wasserentkalkung nutzen Methoden wie den Ionenaustausch, die elektromagnetische Entkalkung oder die Umkehrosmose, um den Kalkgehalt des Wassers zu verringern.

Die Vorteile dieser Systeme im ESG-Kontext sind vielfältig. Auf ökologischer Ebene tragen Wasserfilter zur Reduzierung des Verbrauchs von Einwegplastikflaschen bei, da sauberes Leitungswasser direkt getrunken werden kann. Auf sozialer Ebene fördert die verbesserte Wasserqualität die Gesundheit und das Wohlbefinden der Gebäudenutzer. Auf der

Governance-Seite zeigt die Implementierung nachhaltiger Wasserfiltrations- und Entkalkungssysteme das Engagement des Gebäudemanagements für Umweltschutz und verantwortungsbewusstes Handeln.

Zur Optimierung der Wirkungsweise können intelligente Technologien in diese Systeme integriert werden. Sensoren und Überwachungsfunktionen sowie die Integration in das Smart Home verbessern die Gesamteffizienz und die Benutzerfreundlichkeit der Systeme.

Für ESG-konforme Gebäude sind Zertifizierungen wie LEED oder BREEAM relevant. Die Auswahl von Wasserfilter- und Entkalkungssystemen, die diesen Zertifizierungen entsprechen, können die Nachhaltigkeit der Wassernutzung unterstützen.

12.4.7 Gebäude- und Landschaftsgestaltung für einen verbesserten Wasserschutz

In der Gestaltung von Gebäuden und Landschaften für ESG-konforme Projekte steht der Wasserschutz weit oben auf der Agenda, um eine nachhaltige Nutzung von Wasserressourcen zu gewährleisten. Neben der bereits beschriebenen Integration von Regenwassernutzungssystemen für die Wiederverwendung von Regenwasser für die Toilettenspülung oder die Bewässerung leisten auch sogenannte permeable Oberflächen für Gehwege und Parkplätze ihren Beitrag zum Landschaftsschutz. Sie fördern die Versickerung von Regenwasser, sodass weniger Regenwasser in die Kanalisation gelangt.

Eine wassersparende Landschaftsgestaltung setzt außerdem auf die Auswahl von Pflanzen, die weniger Wasser benötigen sowie auf Mulchschichten, die die Verdunstung reduzieren.

Intelligente Bewässerungssysteme, die den Wasserbedarf anhand von Wetterdaten, Bodenfeuchtigkeit und Pflanzentypen anpassen, tragen ebenfalls zur effizienten Nutzung des Regenwassers bei. In bestimmten Regionen kann auch der Schutz vor Überflutungen und eine nachhaltige Entwässerung durch Schwammstadt-Konzepte, Retentionsbecken und natürliche Pufferzonen erreicht werden.

Die Integration von Wasseraufbereitungssystemen im Freien wie zum Beispiel Brunnen, fördern die kontinuierliche Wasserzirkulation und reduzieren dadurch gleichzeitig den Frischwasserverbrauch.

12.5 Die Potenziale der Blockchain-Technologie für ESG-konforme Gebäude

Blockchain ist eine dezentrale und verteilte Datenbanktechnologie, mit der Transaktionen verschiedener Art transparent und fälschungssicher verwaltet werden können. Im Wesentlichen handelt es sich um eine Kette von Datenblöcken, die über ein Netzwerk von Computern verteilt sind. Diese Blöcke enthalten Informationen über Transaktionen und jede neue Transaktion wird in einem neuen Block hinzugefügt. Dadurch steht hinter der Blockchain-Technologie eine kontinuierlich wachsende Liste von Datensätzen, die miteinander verknüpft sind und durch Kryptografie gesichert werden. Die Blockchain-Technologie betrifft verschiedene Aspekten von ESG-konformen Gebäuden, mit der die Transparenz, die Effizienz und die Nachhaltigkeit gefördert und verbessert werden kann.

12.5.1 Energieeffizienz und Nachhaltigkeit

Dezentrale Energieerzeugung Blockchain ermöglicht die Schaffung von Peer-to-Peer-Energiehandelssystemen. Bewohner haben darüber die Möglichkeit, überschüssige Energie aus erneuerbaren Quellen direkt mit anderen zu teilen. Dies fördert die Energieeffizienz und reduziert den Bedarf an zentralen Versorgungsnetzen.

CO_2-Tracking und -Handel Blockchain kann in ESG-konformen Gebäuden dazu genutzt werden, den CO_2-Fußabdruck zu verfolgen und zu dokumentieren. Smart Contracts könnten beispielsweise automatisch CO_2-Gutschriften auslösen, wenn Energieeinsparungen erzielt oder erneuerbare Energien für den Gebäudebetrieb genutzt werden.

12.5.2 Intelligente Verträge und Automatisierung

Grüne Finanzierung Blockchain kann Transparenz und Vertrauen in grünen Finanzierungsmärkten schaffen. Intelligente Verträge garantieren, dass Mittel nur für nachhaltige Bauprojekte verwendet werden.

Automatisierte Nachhaltigkeitszertifikate Blockchain kann für die Verwaltung von Nachhaltigkeitszertifikaten genutzt werden. Diese lassen sich perspektivisch automatisch ausstellen und aktualisieren, um den Weg für einen nachhaltigen Gebäudebetrieb zu ebnen.

12.5.3 Ressourcenmanagement

Lieferkettenmanagement Die Nutzung der Blockchain-Technologien ermöglicht eine transparente und rückverfolgbare Lieferkette für Baumaterialien. Dadurch steigt auch gleichzeitig die Transparenz in Bezug auf die Herkunft und die Produktionsbedingungen der Materialien.

Abfallverwaltung Die dezentrale Datenbanktechnologie kann den Prozess der Abfallverwaltung optimieren. So ist es beispielsweise möglich, den Ursprung und das Recycling von Baumaterialien über einen langen Zeitraum hinweg zu verfolgen. Dadurch verringert sich das Abfallaufkommens am Ende des Lebenszyklusses der Immobilie.

12.5.4 Wasser- und Energieverwaltung

Intelligente Wasserzähler können den Verbrauch überwachen und Potenziale für Wassereinsparungen aufzeigen. Außerdem ermöglicht Blockchain die Integration von dezentralen Energieerzeugungssystemen, um den Energieverbrauch effizient zu steuern und die Nutzung erneuerbarer Energiequellen weiter voranzutreiben.

12.5.5 Gemeinschaftsinitiativen und Governance

Community-Engagement Denkbar ist es auch, Blockchain für transparente Abstimmungsprozesse in Gemeinschaften zu nutzen. Bewohner können dadurch noch besser an nachhaltigen Entscheidungen beteiligt werden.

Governance-Strukturen Governance-Strukturen können mit Blockchain transparenter gestaltet werden. Dadurch werden für die Verantwortlichen zusätzliche Anreize geschaffen, nachhaltige Prinzipien in ihre Entscheidungsprozesse zu integrieren.

Die Blockchain-Technologie bietet somit ebenso ein großes Potenzial für die Steigerung der ESG-Konformität von Gebäuden. Sie schafft Transparenz, Effizienz und partizipative Prozesse sowohl im Bereich der Gebäudenutzung als auch der Gebäudeentwicklung.

> **Ihr Transfer in die Praxis**
> - Eine Gebäudeautomation trägt nachhaltig zur Verbesserung der Energiebilanz bei
> - Die Nutzung erneuerbarer Energien für den Gebäudebetrieb ist unerlässlich für einen ESG-konformen Gebäudebetrieb in der Zukunft
> - Innovative Materialien können die Dämmung und damit die Energieeffizienz des Gebäudes verbessern
> - Schon in der Planungsphase eines Gebäudes sollten Möglichkeiten zur Nutzung und Aufbereitung von Grau- und Regenwasser berücksichtigt werden
> - Nutzen Sie die Potenziale der Blockchain-Technologie für ESG-konforme Gebäude

13

Was sind die ESG-Trends der Zukunft

> **Was Sie aus diesem Kapitel mitnehmen**
> - Welchen Einfluss ESG-Kriterien in Zukunft auf den Immobilienmarkt haben werden
> - Welche Trends sich schon heute in Bezug auf ESG für die Zukunft abzeichnen
> - Was ESG perspektivisch für Anleger und Investoren bedeutet

Der Immobiliensektor ist aktuell stark in Bewegung. Die aktuelle Studie von PwC und dem Urban Land Institute „Emerging Trends in Real Estate 2024" (PwC and the Urban Land Institute 2023) zeigt auf, dass ESG-Themen bis zum Jahr 2025 die größten Auswirkungen auf den Immobilienmarkt haben werden – trotz der aktuellen Herausforderungen, die die Zinsbewegungen, die Inflation und das Wirtschaftswachstum mit sich bringen. In der Branche entsteht ein zunehmender ESG-Druck, der sowohl positive als auch negative Auswirkungen haben kann.

Sabine Georgi, Geschäftsführerin des ULI Deutschland/Österreich/Schweiz, das als interdisziplinäres Netzwerk den Dialog zwischen privater

Immobilienwirtschaft und öffentlicher Hand vorantreibt, gilt folgende Einschätzung ab:

„Die mittelfristigen Aussichten für Immobilien werden deutlich positiver, wenn man davon ausgeht, dass sich die Zinssätze bis dahin stabilisiert haben und die wirtschaftliche Unsicherheit weitgehend verschwunden sein wird. Im Hinblick auf die fortschreitende Urbanisierung, die technologischen und demografischen Megatrends sowie die zunehmende Konzentration von Nutzern und Investoren auf Gesundheit, Wohlbefinden und Nachhaltigkeit liegt eine riesige Chance für die Immobilienwirtschaft vor uns. Je mehr wir zusammenarbeiten, um Themen wie Bewertungen und Klimawandel anzugehen, desto mehr und früher können wir diese Chance nutzen." Sabine Georgi, Geschäftsführerin des ULI Deutschland/Österreich/Schweiz (PwC 2023).

13.1 Das sind die ESG-Trends in der Immobilienbranche

Der Trend zum nachhaltiges Bauen und Renovieren ist fast schon kein Trend mehr, sondern bei vielen Projekten bereits gesetzter Standard. Eine immer größer werdende Rolle spielen dabei Zertifizierungen für nachhaltige Gebäude wie LEED (Leadership in Energy and Environmental Design) und BREEAM (Building Research Establishment Environmental Assessment Method).

Der Fokus wird verstärkt auf der Integration von Energieeffizienzmaßnahmen und erneuerbaren Energiequellen liegen, um den Energieverbrauch und die CO_2-Emissionen zu reduzieren. In Bezug auf die Finanzierung von Immobilien werden vermehrt grüne Finanzierungsinstrumente wie grüne Anleihen und nachhaltige Kredite in den Vordergrund gestellt werden, um Projekte zu finanzieren, die wichtige Umwelt- und Sozialstandards erfüllen. Finanzinstitute werden auf der anderen Seite noch stärker ESG-Kriterien in ihre Kreditvergabeprozesse für Immobilienprojekte einbeziehen.

Unternehmen werden verstärkt auf soziale Belange achten, bezahlbaren Wohnraum schaffen und den Fokus auf soziale Integration und Gemeinschaftsentwicklung legen. Auch Maßnahmen, die die Gesundheit und das Wohlbefinden der Bewohner steigern, wie grüne Außenbereiche und eine gute Innenraumluftqualität, werden an Bedeutung zunehmen.

Eine transparente und verantwortungsbewusste Unternehmensführung wird durch verbesserte Governance-Strukturen und die Offenlegung von Informationen gefördert.

Die Integration von Technologien für intelligente Gebäude, die Energieeffizienz, Sicherheit und Komfort verbessern, wird weiter voranschreiten. Dazu gehört auch die Anwendung von Blockchain-Technologien für transparente und sichere Immobilientransaktionen. Darüber hinaus wird auch die Berücksichtigung der Ressourceneffizienz und der Kreislaufwirtschaftsprinzipien in der Lieferkette für Baumaterialien wird zunehmen. Strategien zur Reduzierung von Bauabfällen und zur Wiederverwendung von Materialien werden bereits in der Planungsphase von Immobilienprojekten berücksichtigt.

Es ist außerdem zu erwarten, dass die Anforderungen an die Transparenz und die Berichterstattung weiter zunehmen. Unternehmen werden sich verstärkt dazu verpflichten müssen umfassende ESG-Berichte zu veröffentlichen, um Anlegern, Mietern und anderen Interessengruppen die nötigen Informationen für ihre Entscheidungen bereitzustellen.

In diesem Zuge wird perspektivisch auch die Standardisierung von ESG-Kennzahlen voranschreiten.

13.2 Rasant steigendes Investoreninteresse an nachhaltigen Investments

Die wachsende Anlegernachfrage nach nachhaltigen Investmentfonds deutet darauf hin, dass ESG-Investitionen (Umwelt, Soziales, Governance) nicht nur ein kurzfristiger Trend sind. Dafür gibt es verschiedene Gründe und Indizien.

1. Gestiegene Nachfrage der Anleger
Im Jahr 2021 flossen über 500 Mrd. US-Dollar in nachhaltige, ESG-integrierte Fonds, (Institutional Capital Forum 2023) was zu einem Anstieg von 55 % des verwalteten Vermögens in diesen Produkten führte.

Dieses Wachstum wird voraussichtlich auch in den kommenden Jahren anhalten, da Anleger aller Größenordnungen einen immer größeren Teil ihrer Portfolios auf nachhaltige Strategien ausrichten, um zur Schaffung einer nachhaltigeren Welt beizutragen.

2. Technologische Innovation ermöglicht Produktentwicklung
Neue Technologien bieten Fondsmanagern die Möglichkeit, auf die steigende Nachfrage zu reagieren. Die Entwicklung von künstlicher Intelligenz schafft die Voraussetzungen für eine umfassende Analyse von „Big Data". Dadurch entsteht wiederum eine verbesserte Unternehmenstransparenz und neue, nachhaltige Investmentstrategien.

3. Aktives Engagement der Unternehmen
Unternehmen weltweit erkennen die Notwendigkeit, in Bezug auf ESG aktiver zu werden, damit sie ein nachhaltiges und langfristiges Wachstum erzielen. Das Engagement von Investoren spielt dabei eine entscheidende Rolle, weil sie den Dialog mit Unternehmen suchen und sie dazu ermutigen, dort zu handeln, wo die größte Wirkung erzielt werden kann.

4. Fokus auf nachhaltige Ergebnisse im Investment Research
Das Investment Research konzentriert sich zunehmend auf nachhaltige Ergebnisse. Es werden ESG-Researchmodelle entwickelt, um den wachsenden Anforderungen gerecht zu werden. Die Integration von ESG-Kriterien stellt Unternehmen heraus, die Lösungen für den Klimawandel entwickeln, was wiederum nachhaltige Investmentmöglichkeiten schafft.

5. Energiewende schafft neue Risiken und Chancen
Anleger richten ihren Blick nicht mehr nur auf die ESG-Eigenschaften einzelner Unternehmen, sondern auch auf Sektoren, Länder und Regionen, die sich erfolgreich in eine kohlenstoffarme Zukunft bewegen sollten. Die Widerstandsfähigkeit und Wettbewerbsfähigkeit dieser Bereiche werden dabei genau beobachtet.

Die Energiewende eröffnet nicht nur neue Chancen, sondern bringt auch Risiken mit sich, die es zu berücksichtigen gilt. Das steigende Interesse der Anleger, verstärktes Engagement der Unternehmen und eine verbesserte Datenbereitstellung werden das Wachstum nachhaltiger Investments weiter vorantreiben. Obwohl noch Herausforderungen zu überwinden sind, wird es für Anleger immer einfacher, ESG-Risiken in ihren Portfolios zu managen und gleichzeitig einen positiven Beitrag zum Wandel zu leisten.

> **Ihr Transfer in die Praxis**
> - ESG hat noch vor Zinsentwicklungen und Inflation den größten Einfluss auf den Immobiliensektor
> - Alle Stakeholder vom Bauherren, über den Architekten bis zum Investor müssen in Ihren Entscheidungen immer stärker ESG-Kriterien berücksichtigen
> - Investoren werden perspektivisch vermehrt in ESG-konforme Immobilien investieren

Literatur

PwC and the Urban Land Institute (2023) Emerging Trends in Real Estate® Europe 2024. https://www.pwc.com/gx/en/asset-management/emerging-trends-real-estate/assets/emerging-trends-in-real-estate-europe-2024.pdf. Zugriff: 12.01.2024

PwC (2023) ULI und PwC stellen aktuelle Studie „Emerging Trends in Real Estate® 2024" vor, https://www.pwc.de/de/pressemitteilungen/2023/uli-und-pwc-stellen-aktuelle-studie-emerging-trends-in-real-estate-2024-vor.html. Zugriff: 15.12.2023.

Institutional Capital Forum (2023) Statement. Wirkung braucht Engagement, https://www.ic-icf.com/wp-content/uploads/ESG_0622_wh1.pdf. Zugriff: 15. Dezember 2023.

14

Schluss: ESG-Faktoren in der Immobilienwirtschaft

Die intensive Auseinandersetzung mit der Rolle und der Bedeutung der ESG-Kriterien in der Immobilienwirtschaft zeigt, dass diese Faktoren sowohl heute als auch in der Zukunft den Immobilienparkt entscheidend prägen.

Eine zentrale Erkenntnis aller Überlegungen besteht darin, dass der Immobiliensektor immer mehr zu einem Raum wird, in dem ökologische Nachhaltigkeit, soziale Verantwortung und eine effektive Unternehmensführung nicht mehr als isolierte Elemente betrachtet werden können, sondern als integrale Bestandteile einer umfassenden und zukunftsweisenden Strategie für den Erfolg gelten. Das vorliegende Buch hat ebenso verdeutlicht, dass die Umsetzung von ESG-Prinzipien nicht nur ethisch richtig ist, sondern auch einen klaren wirtschaftlichen Mehrwert für alle Beteiligten schafft.

Die steigende Anlegernachfrage nach nachhaltigen Investments, das verstärkte Engagement von Unternehmen in Bezug auf ESG-Themen und die fortschreitende Digitalisierung haben den Weg für eine nachhaltige Revolution in der Immobilienwirtschaft geebnet. Der Blick auf die Zukunft verdeutlicht, dass ESG nicht nur ein vorübergehender Trend ist, sondern eine feste Größe, die den Kurs der Branche nachhaltig beeinflusst.

Der Einsatz nachhaltiger Lösungen in der Immobilienwirtschaft eröffnet nicht nur Chancen für langfristige Werte und Rentabilität, sondern trägt auch zur Schaffung von lebenswerten Gemeinschaften, zur Reduzierung des ökologischen Fußabdrucks und zur Förderung von sozialer Gerechtigkeit bei.

In einer Zeit, in der die Herausforderungen des Klimawandels, sozialer Ungleichheit und globaler Unsicherheiten zunehmen, wird ESG in der Immobilienwirtschaft nicht nur als Geschäftsimpuls betrachtet, sondern als moralische und ökonomische Verpflichtung. Mit diesem Buch bekommen alle Akteure eine Inspirationsquelle für innovative Lösungen und nachhaltige Entwicklungen an die Hand verbunden mit dem Gedanken, dass die gesamte Immobilienwirtschaft nicht nur ein Teil des Wandels wird, sondern die treibende Kraft für eine bessere, nachhaltigere Zukunft.

SPRINGER NATURE

GPSR Compliance

The European Union's (EU) General Product Safety Regulation (GPSR) is a set of rules that requires consumer products to be safe and our obligations to ensure this.

If you have any concerns about our products, you can contact us on ProductSafety@springernature.com

In case Publisher is established outside the EU, the EU authorized representative is:

Springer Nature Customer Service Center GmbH
Europaplatz 3
69115 Heidelberg, Germany

The manufacturer's authorised representative in the EU is Springer Nature Customer Service Centre GmbH, Europaplatz 3, 69115 Heidelberg, Germany. If you have any concerns regarding our products, please contact ProductSafety@springernature.com

Printed and bound by CPI Group (UK) Ltd, Croydon, CR0 4YY
23/03/2026
02076394-0006